CATALOGUE

DE

LIVRES ANCIENS

AUTOGRAPHES

POÈTES FRANÇAIS DU XIIᵉ AU XIVᵉ SIÈCLE
ROMANS DE CHEVALERIE
ROMANS DE DIFFÉRENTS GENRES — FACÉTIES
OUVRAGE SUR L'AMOUR — SATIRES
HISTOIRE DE FRANCE (Période Révolutionnaire)
PAMPHLETS — CHANSONS PATRIOTIQUES
ET RÉVOLUTIONNAIRES — PAPIER MONNAIE — CARTES
A JOUER — VIGNETTES — ESTAMPES

AUTOGRAPHES

DES ÉRUDITS, ÉCRIVAINS ET ARTISTES DES XVIIᵉ, XVIIIᵉ ET XIXᵉ SIÈCLES
IMPORTANTS AUTOGRAPHES DE VAUVENARGUES
ET DE VOLTAIRE

Mᵉ LAIR-DUBREUIL
Commissaire-Priseur
6, RUE FAVART, 6

Assisté

Pour les livres :
DE M. JULES MEYNIAL
Libraire
30, BOULEVARD HAUSSMANN, 30

Pour les autographes :
DE M. NOEL-CHARAVAY
Expert en Autographes
3, RUE FURSTENBERG, 3

PARIS

LA VENTE AURA LIEU

Les Jeudi 21, Vendredi 22
et Samedi 23 Mars 1912

A 2 HEURES PRÉCISES

HOTEL DES COMMISSAIRES-PRISEURS, 9, RUE DROUOT

SALLE Nº 9, AU PREMIER

PAR LE MINISTÈRE

DE **Mᵉ LAIR-DUBREUIL**, COMMISSAIRE-PRISEUR

6, Rue Favart, 6

ASSISTÉ DE **M. Jules MEYNIAL**, LIBRAIRE

30, Boulevard Haussmann, 30

ET DE **M. Noel CHARAVAY**, EXPERT EN AUTOGRAPHES

3, Rue Furstenberg, 3

Exposition

Les Livres pourront être examinés à l'annexe de la librairie JULES MEYNIAL, 15, rue du Helder, du 15 au 19 Mars 1912, de 9 à 11 heures et de 2 à 5 heures.

Les autographes chez M. NOËL CHARAVAY, 3, Rue Furstenberg, 3.

VOIR A LA FIN L'ORDRE DES VACATIONS

CONDITIONS DE LA VENTE :

La vente se fait au comptant.

Les acquéreurs paieront DIX POUR CENT en sus des enchères.

Les livres devront être collationnés dans les vingt-quatre heures de l'adjudication.

Passé ce délai, ils ne seront repris pour aucune cause.

M. JULES MEYNIAL se réserve la faculté de réunir ou diviser les numéros du Catalogue. Il remplira les commissions des personnes qui ne pourraient assister à la vente.

CATALOGUE

DE

LIVRES ANCIENS

THÉOLOGIE

1. Sainte-Bible (La) en latin et en français (trad. de Le Maître de Sacy), suivie d'un dictionnaire étymologique géographique et archéologique (par Barbié du Bocage). *Paris, Lefèvre,* 1828-1834, 14 vol. gr. in-8, dont 13 de texte et 1 de planches, maroquin tête de nègre, filets à froid, dent. intér., doublures et gardes de papier moiré, têtes dorées, non rogn. (*Muller et Niédrée*).

> Très bel exemplaire sur grand papier vélin contenant :
> 1° La suite complète des 64 figures de l'édition, par Dévéria. Parmi ces figures 30 sont en 3 états : eau-forte pure, avant la lettre sur papier de Chine et avec la lettre ; 33 en deux états : eau-forte pure et avant la lettre sur papier de Chine, 1 en deux états : avant la lettre sur papier de Chine et avec la lettre ;
> 2° La suite complète de 300 figures par Marillier, gr. par De Launay, De Ghendt, Dambrun, etc., épreuves avant la lettre ; avec le cadre ;
> 3° La suite complète de 96 planches gr. par Finden, sur papier de Chine ;
> 4° 59 figures par Westall et Martin gr. par Smith et Thompson ;
> 5° 30 figures par Westall, gr. par Heath ;
> 6° 9 figures par Martin sur papier de Chine ;
> 7° 31 figures anglaises par Westall, Bird, Moss, Danby, etc., la plupart sur papier de Chine ;
> 8° 81 planches, d'après les tableaux de maîtres, tirées du musée de Filhol ;
> 9° 30 figures diverses d'après Léonard de Vinci, Rembrandt, Rubens, Mignard, gr. par Masquelier, Queverdo, Dambrun, etc.;
> 10° 2 figures par Moreau le jeune, gr. par Delvaux et Simonet, avant la lettre. Une carte en couleurs. Toutes ces figures sont intercalées dans le texte à leur place respective.
> Le volume de planches comprend : La suite complète de 2 cartes et 32 figures d'après Raphaël, Rubens, Rembrandt, Van Dyck, Prud'hon, etc., publiée par Furne, et la suite complète de 31 figures par Westall, gr. par Heath. Soit 63 planches avant la lettre, sur papier de Chine, interfoliées de papier vélin où sont transcrits les versets de la Bible auxquels se rapportent les gravures.
> Ensemble 862 pièces.
> Lég. rousseurs à plusieurs volumes.

2. Bible (La), qui est toute la Saincte Escriture : contenant le Viel et Nouveau Testament. Ou la Vieille et Nouvelle Alliance, avec argumens sur chacun livre. *A Genève, pour Sébastien Honorati,* 1570, 3 vol. in-18, maroquin vert, filets, dos ornés, dent. intér., tr. dorées (*Rel. anc.*).

> A la suite : Les Pseaumes mis en rime françoise, par Clément Marot et Théodore de Bèze. *A Genève, pour Sébastien Honorati,* 1570.
> Exemplaire court de marges.

4. Brunet (Gustave). Les Evangiles apocryphes, traduits et annotés d'après l'édition de J. C. Thilo, suivis d'une notice sur les principaux livres apocryphes de l'Ancien Testament. *Paris, Franck*, 1848, in-12, veau fauve, dos orné, tr. jasp.

5. Maillard (Olivier). Histoire de la Passion de Jésus-Christ, composée en MCCCCXC, par le R. P. Olivier Maillard ; publiée en 1828, comme monument de la langue française au xve siècle, avec une notice sur l'auteur, des notes et une table des matières par Gabriel Peignot. *Paris, de l'Imp. de Crapelet*, 1828, gr. in-8, papier vélin, cart., non rogn.

De la *collection des Anciens monumens de l'histoire et de la langue françoise.*

6. L'Enfance de Jésus, tableaux flamands, poème tiré des compositions de Jérome Wierix, par L. Alvin. *Paris, Aubry*, 1860, in-8, fig., demi-rel. dos et coins de mar. brun, dos orné à petits fers, tête dorée, non rogn. (*Capé*). — Fac-simile d'un rarissime petit livre de la fin du xvie siècle. *Paris, Téchener*, 1839, plaq. in-12, br. — Ens. 2 vol. in-8 et in-12, demi-rel. et br.

Le premier ouvrage est orné de pl. photographiques d'après Wierix. Le second, publié par les soins de M. Augustin Soulié, est la reproduction fac-simile de : Thrésor admirable de la Sentence prononcée par Ponce-Pilate contre Nostre Sauveur Jesus-Christ, traduict d'italien en françois. *Paris, Jullien*, 1581. Tiré à 300 exemplaires.

7. Thiers (J.-B.). Traité de l'exposition du S. Sacrement de l'Autel. *Avignon, L. Chambeau*, 1777, 2 vol. — La Guerre Seraphique, ou Histoire des périls qu'a courus la barbe des capucins par les violentes attaques des cordeliers (par J.-B. Thiers). *La Haye, Pierre de Hondt*, 1740. — Ens. 3 vol. in-12, veau rac., dos ornés, tr. rouge (*Rel. anc.*).

8. La Bruyère. Dialogues pothumes (sic) du sieur de La Bruyère sur le Quiétisme. *Paris, Charles Osmont*, 1699, in-12, veau rac., dos orné, tr. roug.

Ouvrage laissé inachevé par La Bruyère, terminé et publié par L. Ellis Du Pin.

9. Pamphlets sur la religion et le clergé. 30 plaq. in-8, br.

Les Moines, comédie en musique (par le P. Lallemand). *A Berg-op-Zoom*, 1709 (extrait d'un recueil). — Arlequin esprit follet, comédie. S. l., 1732. — Ver-Vert, poème de M. Gresset. *Francfort*, 1749. — La chartreuse, épitre à M. D. D. N., par l'auteur de Ver-Vert (Gresset). *A la Chartreuse*, 1736. — Satyre d'un curé Picard sur les vérités du temps, par le R. Père***, jésuite. *Avignon*, 1754. — L'Anti-Moine (par Grouber de Groubental). S. l. n. d. (Vers 1759). Irus, ou le savetier du coin (par Groubental de Linières). *Genève*, 1760. 2 ouvrages en 1 vol. — Les soupirs du cloître, par Guymond de La Touche. *Londres*, 1770. — La Papesse Jeanne, poème en dix chants (par Borde). *La Haye*, 1778. — La Liberté du Cloître, poème, par l'auteur des Lettres à Emilie (Demoustier). *Paris*, 1790. — Les Pucelles d'Orléans, poème en six chants (par Robbé de Beauveset). *Orléans*, 1791. — Les jardins de Betz, poème fait en 1785, par M. Cerutti et publié en 1792 par M***. *Paris, Desenne*, 1792. — Dieu et les prêtres, par Sylvain M...... l (Maréchal). — Le Consistoire, ou l'esprit de l'Eglise (par A. Valcourt). *Paris*, an VII. — Le rat iconoclaste, ou le jésuite croqué, poème héroï-comique (par Guyton de Morveau). *Paris*, 1810, portrait ajouté (Rare). — Le Calendrier Républicain, poème par Dorat-Cubières. *Paris*, an IV, calendrier gr. — Dieu et les Saints ou suite du poème sur le calendrier républicain, par le citoyen Cubières. *Paris*, s. d., etc., etc.

10. **Saint-Martin.** Ecce homo (par Claude de Saint-Martin). *A Paris, Imp. du Cercle Social*, 1792. — Du commerce de l'ame et du corps. Traduit du latin d'Emmanuel Swendenborg, par M. P** (Parraud). *Londres, et Paris, Barrois*, 1785. — Ens. 2 ouvrages en 1 vol. in-12, demi-rel. veau fauve, dos orné, non rogn. (*Vanette, élève de Bradel*).

> Ecrits singuliers de deux illuminés. Raccommodage au titre de *Ecce Homo*.

11. **Le Dernier** coup porté aux préjugés et à la superstition (par Billaud Varennes). *Londres*, 1789, in-8. — Culte et Loix d'une société d'hommes sans Dieu (par Sylvain Maréchal). *L'An Ier de la Raison, VI de la République*, (1798). — Ens. 2 vol. in-8 et in-12, br.

12. **Holbach** (Baron d'). La Contagion sacrée, ou histoire naturelle de la superstition (par le baron d'Holbach). *Londres*, 1768, 2 tomes en 1 vol. — Lettres philosophiques sur l'origine des préjugés, etc., traduites de l'anglois de J. Toland (composé par d'Holbach). *Londres*, 1768. — Le Militaire philosophe ou difficultés sur la Religion proposées au R. P. Malebranche, par un ancien officier (par Neigeon et le baron d'Holbach. *Londres*, 1768 (2 exempl.). — Recueil philosophique, ou mélange de pièces sur la religion et la morale, par différents auteurs. *Londres*, 1770, 2 tomes en 1 vol. — Ens. 5 vol. in-12, rel. veau et demi-rel.

> Le dernier ouvrage, publié par Naigeon, contient 15 pièces antireligieuses par Du Marsais, Diderot, d'Holbach, Fontenelle, etc. Exemplaire court de marges, mouillures.

13. **Ouvrages** contre la religion et le clergé. 6 vol. in-8 et in-12, cart. et rel. veau.

> Légende dorée ou sommaire de l'histoire des frères mendians de l'ordre de St Dominique et de St François (par N. Vignier). *Amsterdam*, 1734 (raccommodage au titre). — Tableau philosophique du genre humain (par Börde). *Londres*, 1767, 3 parties en 1 vol. (Lég. mouillures). — Etat de l'homme dans le péché origine. (traduit et imité de Beverland par Bernard ou Fontenai). *Imprimé dans le monde en 1774*. — Essai philosophique sur le monachisme, par M. L. (Linguet). *Paris*, 1775. — Les conciles dévoilés par leur ivresse, ou tableau historique des plus fameux buveurs qui aient existé parmi les saints Pères... par M. l'abbé M... La Passion de N.-S. Jésus-Christ, tragédie en trois actes et en vaudevilles. *A Jérusalem*, s. d., 2 ouvrages en 1 vol. (Mouillures). — Le Catéchumène, ou le secret de l'Eglise trahi (par Bordes). *Paris*, XIXe siècle, ex-libris Morison.

14. **Du Laurens.** L'Antipapisme révélé, ou les Rêves de l'Antipapisme (par Du Laurens). *Genève, Lapret*, 1767, br. — La chandelle d'Arras, poème en XVIII chants. *Paris, Egasse*, 1807, fig., veau fauve, pet. dent., dos orné, tr. dor. (Rel anc.). — Le bon sens du curé Meslier, ou idées naturelles opposées aux idées surnaturelles (par le Baron d'Holbach), suivi de son testament (par Voltaire). *Paris, Guillaumin*, 1830, br., — Le Catéchisme des Christicoles, avec les vraies réponses aux questions du prêtre à l'usage des vieux enfants. *Paris, chez les Marchands de nauveautés*, an IV (1798), demi-rel. — Ens. 4 vol. pet. in-8 et in-12, rel. et br.

> La chandelle d'Arras est illustrée de 1 front. et 18 figures par Desrais, gr. par Tassaert.

JURISPRUDENCE

15. RECUEIL général des pièces contenues au procez de Monsieur le
Marquis de Gesvres et de Mademoiselle de Mascranni, son épouse.
Rotterdam, Reinier Leers, 1714, 2 vol. in-12, veau rac., dos ornés, tr.
roug. (*Rel. anc.*).

> Fameux procès d'annulation de mariage pour cause d'impuissance,

16. RECUEIL général des pièces contenues au procez du Père Jean-
Baptiste Girard. jésuite, recteur du séminaire Royal de la marine de Toulon, et de Demoiselle Catherine Cadière, querellante.
Sur l'Imprimé à Aix, chez J. David, 1731, 5 tomes en 6 vol. in-12, veau
granit, dos ornés, tr. roug. (*Rel. anc.*).

> 6 figures gr. par Larmessin d'après Vanloo. Cette édition contient *Le nouveau
> Tarquin*, comédie en trois actes (par Le Bel), pièce amusante dans laquelle l'auteur
> a mis en action l'aventure scandaleuse du P. Girard et de la demoiselle Cadière ; cachet
> de cire sur chaque titre.

17. LA MARE (N. de). Traité de la Police. Ou l'on trouvera l'histoire de
son établissement. Toutes les lois et tous les règlemens qui la con-
cernent. Seconde édition augmentée. *Paris, Brunet*, 1722, 4 vol. in-4,
vign. et 10 plans, veau granit, dos orné, tr. marbr. (*Rel. anc.*).

> Avec les 8 plans, état successif de Paris depuis Lutèce ; au tome premier et au 4ᵉ le
> 9ᵉ plan Paris et le Plan des Fontaines et conduites d'eau dess. par Lagrive.

18. LOTERIES. Réunion de 19 pièces relatives aux Loteries, publiées de
1737 à 1770.

> Edit du Roy et Arrests du Conseil d'Etat portant établissement de Loteries. *Paris,*
> 1737-1752, 4 Pièces. — Arrests du Conseil d'Etat, Réglements, Avis, Listes, Billet de so-
> ciété, Reconnaissance figurée et Jugement des Commissaires Généraux relatifs à la
> Loterie de l'Ecole Royale militaire, 1769, 15 pièces.

SCIENCES ET ARTS

I. — PHILOSOPHIE. MORALE. POLITIQUE

19. VOLTAIRE. Dieu et les Hommes, ouevre (sic) théologique ; mais rai-
sonnable en XLIV chapitres. Suivis de la Paix perpétuelle par le
docteur Goodheart ; Instruction du gardien des Capucins de Raguse ;
Tout en Dieu par l'abbé de Tilladet (Par Voltaire). *Londres*, 1770,
2 parties en 1 vol. in-8, demi-rel. bas. rac., dos orné, tr. roug.

> Ouvrage condamné au feu, sur le réquisitoire de l'avocat général Séguier, par arrêt du
> Parlement de Paris du 18 août 1770.

20. PORINGO. Dieu, Nature, Raison, trinité de principes tirés de différens auteurs. Seconde édition revue, corrigée et augmentée. *Bruxelles, Impr. de la Raison*, 1794, in-8, veau granit., dos orné, tr. jasp. (*Rel. anc.*).

> Exemplaire portant sur la garde 4 vers autog. de l'auteur adressés « au citoyen Lamblechs, sénateur », et auquel on a ajouté les 6 portraits suivants : Voltaire, gr. par Le Roy ; Raynal, gr. par Le Beau ; Montesquieu, gr. par Benois. ; J.-J. Rousseau, non sign., Thomas Paine, par Bonneville ; Washington, gr. par Le Beau, d'après Desrais.

21. PENSÉES et Sentiments de P** H** de la Caroline (Pinkency, Horry). *Paris, Impr. de Didot*, 1805, in-18, veau granit., filets, dent. et chiffre sur les plats, dos orné, dent. intér., tr. dorées (*Rel. anc.*).

> Tiré à 30 exemplaires sur papier vélin.

22. BRUEYS (Abbé de). Diversités morales, ou les Amusements de la raison. *Paris, Didot*, 1782, in-18, papier vélin, rel. vélin blanc, filets et dentelle, dos orné, tr. dorées (*Rel. anc.*).

23. RÉFLEXIONS philosophiques sur le plaisir par un célibataire (Grimod de la Reynière). Troisième édition, revue avec soin, corrigée avec docilité, et augmentée de cinq ou six petits morceaux qui n'avaient point encore parus. *Lausanne*, 1784 — Théorie de l'ambition par feu Herault de Séchelles avec des notes par J. B. S.*** (Salgues). *Paris, Bouquet*, an X (1802), portrait ajouté. -- Lettre de M. Gobemouche à tous ceux qui scavent entendre (par Graillard de Graville). *Amsterdam*, 1765. — Lettre et réflexions sur la fureur du jeu, par M. Dusaulx, *Paris, Lacombe*, 1775. — Les inconveniens du célibat des prêtres. prouvés par des recherches historiques (par l'abbé Gaudin). *Genève, Pellet*, 1781. — Précis de la religion des peuples. *Paris, s. d.* — Ens. 6 vol. ou plaq. in-8, dont 1 demi-rel. et 5 br.

24. CONSEILS d'une Mère à ses filles. 1789, par W. M** (Woldemar Michel), épouse de J. R. (Jean Rousseau) *Paris, Impr. Rœderer et Corancez*, an quatrième (1796), in-12. br., couv. muette.

> Ouvrage rarissime, tiré à 50 exemplaires non mis dans le commerce. Il fut publié par le Comte Rœderer qui s'en était déclaré l'auteur et à qui il fut longtemps attribué. On lit en effet en tête d'un avertissement signé Rœderer, rédigé après l'impression du volume et qui ne se trouve pas dans tous les exemplaires : « C'est par fiction que j'ai mis ce petit écrit qui est entièrement de moi sur le compte d'une autre personne. » En réalité ces *Conseils* sont bien de Mme Woldemar Michel qui épousa Jean Rousseau, sénateur sous Napoléon Ier et rédacteur au *Journal de Genève* et au *Moniteur*. Mme Rousseau avait composé un important ouvrage sur l'éducation des femmes mais ne songeait pas à le publier. Elle communiqua le manuscrit à différentes personnes, notamment à Rœderer. Celui-ci en fit un extrait qu'il imprima à 50 exemplaires. A la suite des protestations de l'auteur que les initiales de son nom désignaient trop clairement, Rœderer s'attribua la paternité de l'ouvrage.
> Exemplaire contenant l'Avertissement de Rœderer et cinq cartons qui manquent très souvent, et auquel on a ajouté : 1 portrait de Rœderer, par Guérin, gr. par Frésinger, 1 port. de Mme J. Rousseau, lithog par Grevedon, 2 lettres autogr. de Mme Rousseau, 1 lettre de M. Du Castel, son exécuteur testamentaire.

25. LA CONSOLATION philosophique de Boèce, traduction nouvelle en prose et en vers avec le texte en regard et accompagnée d'une introduction et de notes par Louis Judicis de Mirandol. *Paris, Hachette*, 1861 — Du meilleur gouvernement possible, ou la nouvelle isle d'Utopie, de Thomas Morus, traduction nouvelle, avec des notes par

M. T. Rousseau. *Paris, Blanchon*, 1789. — Ens. 2 vol. in-8, rel. veau
et demi-rel.

Portrait ajouté au premier volume.

26. Demandes (Les) faites par le Roi Charles VI, touchant son état et le
Gouvernement de sa personne, avec les réponses de Pierre Salmon,
son secrétaire et familier, publiées avec des notes historiques, d'après
les manuscrits de la Bibliothèque du Roi, par G. A. Crapelet. *Paris,
Impr. Crapelet*, 1833, gr. in-8, papier vélin, fig., cart., non rogn.

Illustré de 10 planches et fac-similé. On trouve à la suite : Les Lamentacions et
Epistres de Pierre Salmon.

II. — SCIENCES NATURELLES. ART MILITAIRE

PHILOSOPHIE OCCULTE

27. Le bon jardinier pour l'année 1828. *Paris, Audot*, in-12, front. et 3
planches, maroquin vert à long grain, dentelle et fleurs de lys aux
angles, dos orné, dent. intér., doublures et gardes de tabis rose, tr.
dorées (*Rel. de l'époque*).

Fraîche reliure aux armes de Louise-Caroline de Bourbon, Duchesse de Berry.

28. Marquis (F.). Du Thé, ou nouveau traité sur sa culture, sa récolte,
sa préparation et ses usages. Orné de gravures coloriées faites
d'après nature et d'après les peintures originales de la Chine. *Paris,
Nepveu*, 1820, in-18, fig., veau fauve, dentelle, dos orné, dent. intér.,
tr. dorées (*Rel. de l'époque*).

10 jolies figures coloriées, dont 6 planches doubles.

29. Lavater (Jean-Gaspard). Essai sur la Physiognomonie destiné à faire
connaître l'homme et à le faire aimer. (Trad. française par Mme de
La Fite, MM. Caillard et Henri Renfner. *Imprimé à La Haye*, 1781-
1803, 4 vol. in-4, nombr. fleurons, vignettes et culs-de-lampe de Cho-
dowiecki Schellenberg, etc. et planches, veau racine, dent., dos
recouvert de maroquin rouge et orné, dent. intér., tr. dor. (*Rel. anc.*).

Superbes épreuves.

30. Végèce. Flave Vegece Rene homme noble et illustre du fait de guerre
et fleur de chevalerie, quatre livres. Sexte Jule Frontin, des Strata-
gèmes. Ælian, de l'ordre et instruction des batailles. Modeste des
vocables des faits de guerre. Pareillement CXX histoires concernant
le fait de guerre joinctes à Vegèce, traduicts fidellement de latin en
françois et collationnez par le polygraphe humble secrétaire et historien du parc d'honneur (Nic. Volçyre de Serouville), etc. *Paris,
Chrestien Wechel*. 1536, in-fol. goth., fig. sur bois de la grandeur de
la page. — Artillerie. C'est-a-dire vraye instruction de l'artillerie et
de toutes ses appartenances. Avec une déclaration de tout de qui est
de l'office d'un General dicelle, avec un enseignement de préparer,

toutes sortes des feux artificiels, par Diego Ufano. Trad. par J. Théodore de Bry, Bourgeois d'Oppenheim. *Franckfort, Eyenolf Emmel*, 1614, titre grav. et 27 pl. — Ens. 2 ouvrages en 1 vol. in-4, demi-rel. veau violet, tr. marbr.

> Deux ouvrages rares. A la fin du Végèce se trouve la copie du portrait en pied de Maximilien par Albert Durer, piqûres de vers.
> Le second ouvrage est orné de 27 planches gravées sur cuivre, très intéressantes sur l'artillerie.

31. CALMET (Dom). Dissertations sur les apparitions des anges, des démons, et des esprits et sur les revenans et vampires de Hongrie, de Bohême, de Moravie et de Silésie. *Paris, De Bure*, 1746, in-12, veau rac. — Le Tombeau de Jacques Molai, ou Histoire secrète et abrégée des initiés anciens et modernes, des Templiers, Franc-maçons, illuminés, etc. et recherches sur leur influence dans la Révolution française, suivie de la clef des Loges (par Cadet de Gassicourt). *Paris, Desenne*, an V (1797), in-18, frontispice, vélin. — Ens. 2 vol. in-12 et in-18, rel.

32. NAUDÉ (Gabriel). Apologie pour tous les grands hommes qui ont esté accusez de magie. *Paris, Aug. Besongne*, 1669, 2 parties en 1 vol. in-12, demi-rel. veau vert, dos orné, tr. marb.

III. — BEAUX-ARTS

Peinture. Gravure. Sculpture. Architecture.
Musique.

33. L'ART de peindre, poëme avec des réflexions sur les différentes parties de la peinture par Mr Watelet. *Amsterdam*, 1761, in-12, front. gr. par Folkéma et vign., veau fauve, filets, tr. roug. (*Rel. anc*). — Essai historique et descriptif sur la peinture sur verre ancienne et moderne, et sur les vitraux les plus remarquables de quelques monumens français et étrangers, suivi de la biographie des plus célèbres peintres verriers. Orné de sept planches. *Rouen, Frère*, 1832, in-8, fig. demi-rel. veau fauve, dos orné, tr. marb. — Ens. 2 vol. in-8, et in-12, rel.

34. LEBRUN (Ch.). La Grande Galerie de Versailles et les deux salons qui l'accompagnent peints par Lebrun, dessinées par J.-B. Massé *Paris, Impr. Royale*, 1752, in-fol. max., portrait, pl., cart., non rogn.

> Exemplaire non rogné, superbes épreuves. Il contient le portrait de J.-B. Massé, peint par L. Tocqué, gravé par Wille. Le papier de quelques planches est un peu jauni.

35. COLLECTION de Portraits de MM. les Députés à l'Assemblée Nationale constituante, ouverte le 5 mai 1789, en 216 planches. *Paris, Treutiel et Würtz, s. d.*, 2 vol. in-4 en feuilles.

> 216 planches gravées à l'aquatinte par Alix, Allais, Coutellier, Coqueret, Cernelle, etc., d'après Laplace, Lambert, Sandoz, Mercier, etc. Superbe collection complète avec les 2 titres et les 2 tables, belles épreuves à toutes marges.

36. Portraits des personnages célèbres de la Révolution par François Bonneville. Avec tableau historique et notices de P. Quenard l'un des Representans de la commune de Paris en 1789-1790. *A Paris, chez l'auteur*, 1796-1802, 4 vol. in-4, veau, dos ornés, tr. marbr. (*Rel. anc.*).

> Cette importante collection contient 1 front., 200 portraits dess. et grav. par Bonneville. Les costumes des autorités constituées dess. et grav. par Duplessis Berteaux. 14 pl. coloriées. Les costumes des autorités militaires et de la marine. 16 pl. grav. à la manière noire. 1 planche d'assignats. Ensemble 232 pl.
>
> Ce recueil offre cet intérêt, que pour un bon nombre, ce sont les seuls portraits qui existent de personnages les plus célèbres de la Révolution.

37. Recueil de Portraits de personnages célèbres faisant partie des quatre différentes classes académiques de l'Institut. lithographiés par Boilly fils. *Paris, Blaisot, s. d.* (vers 1825), in-4, 119 portraits lithogr. par Jules Boilly, en feuilles.

> Les portraits portent un numéro manuscrit à l'encre. Le titre est plus court.

38. Collection de Portraits des Français célèbres par leurs actions ou leurs écrits, gravés par les meilleurs artistes français et anglais, et accompagnés de notices biographiques. *Paris, Lami-Denozan*, 1828, in-8, 50 portraits gr., cart., non rogn.

> Première série : Littérateurs.
> Exemplaire sur papier vélin, avec les portraits sur papier de Chine. Raccommodage une planche.

39. Nouvelle Galerie des Artistes dramatiques vivants contenant 40 (80) portraits en pied des principaux artistes dramatiques de Paris, peints et gravés sur acier par Ch. Geoffroy. *Paris, Lib. Théâtrale, s. d.* (1854), 2 tomes en 1 vol. in-4, 80 portraits gr., avec notices biographiques — Recueil factice de 128 portraits lithographiés d'artistes dramatiques accompagnés de notices biographiques extraits de *Les Théâtres de Paris*, en 1 vol. — Ens. 2 vol. in-4, demi-rel. veau, tr. jasp.

40. Collection des Nouveaux Costumes des Autorités constituées, civils et militaires, 26 planches dessinées par Garnerey, gr. par Alix et coloriées, en feuilles.

> Suite complète, elle est accompagnée de 2 ff. de texte donnant la description de chaque costume. Le *Catalogue des costumes militaires*, par un membre de la Sabretache n'indique que 24 planches. Les deux costumes omis par le bibliographe sont : *Membre du conseil des Cinq Cents* et *Directoire exécutif, costume ordinaire*. On y a joint 4 planches dessinées et gr. par Bonneville : costume des membres des deux conseils, chef d'escadre, capitaine de vaisseau et agent maritime.
> Ensemble 30 planches gravées à la manière noire et coloriées.

41. Recueil des Costumes de Théâtre, publié par Vizentini, comédien du Roi d'après les dessins de MM. Auguste Garnerey et H. Lecomte. *Paris, lith. de G. Engelmann, s. d.* (vers 1828), 2 vol. in-4, demi-rel., dos et coins de mar. grenat à long grain, dos ornés (*Rel. de l'ép.*).

> 294 lithographies coloriées de portraits d'acteurs et d'actrices dans leurs rôles, d'après Garnerey et Lecomte. Les costumes représentés sont tirés des tragédies, opéras, opéra-comiques et ballets représentés sur les principaux théâtres de Paris de 1819 à 1827. On a ajouté 8 costumes de différentes nations, par Garnerey, épreuves coloriées. Ensemble 302 planches.

42. LAMESANGERE. Journal des Dames et des modes. *Paris*, 1819-1829, 190 planches gravées et coloriées. — Le Petit Courrier des Dames. *Paris*, 1829-1830, 60 pl. — Ens. 250 pl. cart.

> Cette série contient des numéros dépareillés des journaux pour les années suivantes. Le journal des Dames 1819, 40 pl. 1825-1828, 79 pl. 1828-1829, 40 pl. 1830, 30 pl. — Petit courrier, 1829-1830, 60 pl.

43. COSTUMES des Troupes au service de la Russie, gr. in-8, 14 planches par Finard, gr. par Couché et Blanchard, coloriées, en feuilles.

44. LES JEUX et Plaisirs de l'enfance, par Jacques Stella, terminés par Al^re Chaponnier. *Paris, chez Chaise, s.d.*, in-4 oblong, veau vert, filets, dos orné, dent. intér., tr. dorées.

> 1 titre gr. et 11 planches accompagnées chacune d'un f. de texte.

45. GUIFFREY (Jules). Les Caffiéri sculpteurs et fondeurs-ciseleurs. Etude sur la statuaire et sur l'art du bronze en France au XVIIe et au XVIIIe siècle, avec sept gravures à l'eau-forte par Maurice Leloir, et plusieurs fac-simile d'autographes. *Paris, Morgand*, 1877, gr. in-8, br.

> Tiré à 300 exemplaires num. sur papier de Hollande.

46. JOMBERT. Architecture Moderne, ou l'Art de bien bâtir pour toutes sortes de personnes tant pour les maisons des particuliers que pour les palais. *Paris, Claude Jombert*, 1728, 2 vol. in-4, maroquin rouge, filets et dentelle encadrant les plats, dos ornés, dent. intér., tr. dorées (*Rel. anc.*)

> 2 frontispices et 150 planches Superbe exemplaire aux armes de Joseph Savalette de Buchelay.

47. DIALOGUE sur la musique des anciens (par l'abbé de Chateauneuf). *Paris, Pissot*, 1725, in-12, 7 planches, dérelié, couv. factice.

> Ouvrage posthume, publié par Morabin. C'est la relation d'un long dialogue tenu chez Ninon de Lenclos. celle-ci y prend part sous le nom de Leontium.
> On a ajouté à la suite 5 ff. manuscrits relatifs à Leontium et aux deux Aspasie.

48. GRÉTRY. Mémoires ou Essais sur la Musique; par le citoyen Grétry. *Paris, de l'Impr. de la République*, an V (1797), 3 vol. in-8, demi-rel. veau granit., dos ornés, tr. jasp. (*Rel. anc.*).

> Portrait de Grétry par Adam ajouté.

IV. — EXERCICES GYMNASTIQUES

49. WINANS. The Art of revolver shooting, by Walter Winans. Illustrated from designs by the author and from original photographs. *New York and London, Putnam's*, 1901, in-4, nomb. fig., cart. toile, fers spéciaux.

50. **Cler** (Albert). La Comédie à cheval, ou manies et travers du monde équestre, Jockey-club, cavalier, maquignon, olympique, etc, illustrée par MM. Charlet, Johannot, Giraud et Giroux. *Paris. Bourdin, s. d.*, in-12, fig., br., couv. ill.

    Bel exemplaire.

---

51. **Danse** (La) ancienne et moderne, ou Traité historique de la Danse par M. de Cahusac. *La Haye, chez Jean Neaulme,* 1754, 3 vol., veau rac., filets, dos ornés, tr. roug. — De la Danse, par Moreau de Saint- Méry. *A Parme, Imp. par Bodoni,* 1801, cart. — Ens. 4 vol., pet. in-12, rel. et cart. (*Rel. anc.*).

52. **Contredanses** républicaines et du 1er Empire. *Paris. chez Frère,* 1789 à 1811, 91 pièces en 1 vol. in-8, musique et indication des figures gr., br., couv. factice.

    Raccommodages à plusieurs ff.

53. **Du Fouilloux.** La Vénerie de Jacques du Fouilloux, précédée de quelques notes biographiques et d'une notice bibliographique. *Angers, Lebossé,* 1844, in-4, fig. sur bois, br., couv. ill , dos factice.

    Édition faite sur celle de *Le Mangnier,* 1585.

BELLES - LETTRES

I. — POÉSIES

1. — POÈTES FRANÇAIS

A. — TROUVÈRES ET AUTRES POÈTES :
XIIe, XIIIe, XIVe ET XVe SIÈCLE JUSQU'A L'ÉPOQUE DE VILLON

54. **L'Enterrement** du Dictionnaire de l'Académie. Ouvrage contenant la réfutation de la Réponse de M. de M. (Mallement de Messange), et deux cent quinze Remarques critiques, tant sur l'épître et la préface que les trois premières lettres du Dictionnaire A. B. C. *S. l.,* 1697, front. — Plan et dessein du Poème allégorique et tragico-burlesque intitulé Les Couches de l'Académie, par Messire Antoine Furetière. *Amsterdam, Pierre Brunel,* 1687. — Ens. 2 vol. in-12, demi-rel.

    Le premier ouvrage a été attribué à Furetière, Richelet, Chastein, etc.

55. COLLECTION des anciens Poètes Français publiée par Coustelier. *Paris, Coustelier*, 1723-1724, 9 vol. in-12, veau fauve, dos ornés, tr. roug. (*Rel. anc.*).

> Villon. — Clément Marot. — La Farce de Pathelin. — Martial d'Auvergne, tome II. — Guillaume Coquillart. — Guillaume Crétin. — Pierre Faifeu. — Racan. 2 vol.

56. FABLIAUX et Contes des Poëtes françois des XIIe, XIIIe, XIVe et XVe siècles, tirés des meilleurs auteurs (par Barbazan). *Paris, Vincent*, 1766, 3 vol. — Corps d'extraits de Romans de Chevalerie, par M. le Comte de Tressan. *Paris, Pissot*, 1782, 4 vol. — Ens. 7 vol. in-12, veau rac., dos ornés, tr. roug. (*Rel. anc.*).

57. FABLIAUX ou Contes du XIIe et du XIIIe siècle, traduits ou extraits d'après divers manuscrits du tems, avec des notes historiques et critiques et les imitations qui ont été faites de ces contes (par Legrand d'Aussy). *Paris, Onfroy*, 1779, 4 vol. in-8, veau rac., dos ornés, tr. roug. (*Rel. anc.*).

58. FABLES en vers du XIIIe siècle, publiées pour la première fois d'après un manuscrit de la Bibliothèque de Chartres. — Le Dit de Droit, pièce en vers du XIIIe siècle, d'après un manuscrit de la Bibliothèque de Chartres. *Chartres, Garnier*, 1854. — Ens. 2 plaq. in-8, br.

> Tiré à 48 exemplaires sur papier vélin.
> On y joindra : Notice sur Esprit Gobineau, poète Chartrain du XVIIe siècle, par A. Benoit. *Chartres*, 1862, plaq. in-8, br.

59. LAIS inédits des XIIe et XIIIe siècles, publiés pour la première fois d'après les manuscrits de France et d'Angleterre, par Francisque Michel. *Paris, Téchener*, 1836, pet. in-8, papier de Hollande, br.

60. JUBINAL. Textes du XIIIe siècle publiés par Achille Jubinal. *Paris, Téchener*, 1834-1838, 11 plaq. in-8, br.

> La complainte d'Outre-Mer et celle de Constantinople, par Rutebeuf. — Le miracle de Théophile, par Rutebeuf. — La complainte et le jeu de Pierre de La Broce. — Des XXIII manières de Vilains. — Un sermon en vers. — La résurrection du Sauveur. — Li Fablel dou Dieu d'amours. — Le sermon de Guichard de Beaulieu. — La bataille et le mariage des VII Arts. — Lettre touchant le manuscrit de la Bibliothèque de Berne, n° 354. — Voyage aux ruines de l'ancien château du Vivier.
> Envois de A. Jubinal.

61. LA CHANSON DE ROLAND ou de Roncevaux, du XIIe siècle, publiée pour la première fois, d'après le manuscrit de la Bibliothèque Bodleienne à Oxford, par Francisque Michel. *Paris, chez Silvestre*, 1837, gr. in 8, demi-rel., dos et coins de mar. violet à long grain, dos orné, ébarb. (*Thompson*).

> Tiré à 200 exemplaires. Un des 175 num. sur papier vélin.

62. WACE (Robert). Roman de Rou et des Ducs de Normandie, par Robert Wace, poète normand du XIIe siècle; publié pour la première fois d'après les manuscrits de France et d'Angleterre avec des notes pour servir à l'intelligence du texte, par Frédéric Pluquet. *Rouen, Ed. Frère*, 1827, 2 vol. in-8, fig. — Observations philologiques et grammaticales sur le Roman de Rou et sur quelques règles de la

langue des trouvères au xii⁰ siècle, par Raynouard. — Supplément
aux notes historiques sur le Roman de Rou, par Aug. Le Prévost.
Rouen, Ed. Frère, 1829, 2 ouvrages en 1 vol. — Ens. 3 vol. in-8, demi-
rel. veau fauve, dos ornés, tr. jasp. (*Rel. de l'ép.*).

> Première édition complète d'une des productions les plus remarquables de notre
> ancienne littérature. Les nombreuses notes qui accompagnent le texte sont dues à F.
> Pluquet, Langlois, Hénault et Le Prévost. Cette édition est précédée d'une notice sur
> la vie et les écrits de R. Wace et suivie d'un table générale des noms de lieux, d'hommes
> et de familles mentionnés dans le roman.

63. WACE (Robert). Le Roman de Brut, par Wace, poète du xii⁰ siècle, publié pour la première fois d'après les manuscrits des Biblio-
thèques de Paris, avec un commentaire et des notes par Le Roux
de Lincy. 2 vol. — Description des manuscrits qui contiennent le
Roman de Brut. *Rouen, Edouard Frère*, 1836-1838. — Ens. 3 vol. in-8,
br., couv. imp.

> Cette édition, ornée de 5 planches gr , est précédée d'un avertissement de l'éditeur,
> d'une description de neuf manuscrits de Paris, sur les deux plus anciens desquels
> l'ouvrage a été collationné, de 6 manuscrits qui sont en Angleterre et en Allemagne,
> une table des matières et un glossaire index. Des recherches savantes sur les sources
> auxquelles Wace a puisé et une analyse fort détaillée de l'ouvrage terminent cette
> édition.

64. NOTICE sur la Vie et les Ecrits de Robert Wace, poète normand
du xii⁰ siècle ; suivie de citations extraites de ses ouvrages, pour
servir à l'histoire de Normandie, par Frédéric Pluquet. *Rouen,
Frère*, 1824, gr. in-8, frontispice, cart., non rogn.

65. TRISTAN. Recueil de ce qui reste des poëmes relatifs à ses aventures,
composés en françois, en anglo-normand et en grec dans les xii⁰ et
xiii⁰ siècles, publié par Francisque Michel. *Londres, Pickering*, 1835-
1839, 3 vol. in-12, fig., cart., non rogn.

66. LAI D'IGNAURÈS, en vers, du xii⁰ siècle, par Renaut, suivi des lais de
Melion et du Trot, en vers du xiii⁰ siècle, publiés pour la première
fois d'après deux manuscrits uniques par Monmerqué et Francisque
Michel. *Paris, Silvestre*, 1832, in-8, 2 fac-similé, demi-rel. dos et coins
de mar. rouge, dos orné, tête dorée, non rogn. (*Koehler*).

> Le Lai d'Ignaurès, d'origine bretonne, a pour sujet l'aventure tragique également relatée
> dans le *Châtelain de Coucy*, où la Dame de Fayel mange le cœur de son amant.
> Tiré à 150 exemplaires. Un des 125 num. sur papier vélin.

67. LAI D'HAVELOK le Danois. Treizième siècle. *Paris, Silvestre*, 1833,
gr. in-8, cart., non rogn.

> Edition, publiée par Francisque Michel, de la Chronique d'Havelok, fils de Ganter, roi
> de Danemark, régnant à l'époque du roi Arthur. Le premier auteur de cette légende
> du xiii⁰ siècle est inconnu, l'auteur du présent texte, qui n'en est qu'un abrégé, paraît
> être Geoffroy Gaimar.
> Tiré à 100 exemplaires. Un des 72 num. sur papier vélin.

68. EXTRAITS de quelques poésies des xii⁰, xiii⁰ et xiv⁰ siècle. *Lausanne, F. Grasset*, 1759, pet. in-8, demi-rel. mar. vert à long grain,
dos orné, ébarb.

> Recueil publié par J. R. Sinner, contenant des extraits de vieilles poésies françaises
> curieuses et très rares, provenant de la Bibliothèque de Berne et principalement des
> manuscrits de l'érudit Bongars, conseiller de Henri IV.

69. THIBAUD DE MARLY. Vers sur la Mort, publiés d'après un manuscrit de la Bibliothèque du Roi. Seconde édition augmentée du Dit des trois morts et des trois vifs, et du Mireuer du monde. *Paris, Crapelet*, 1835, gr. in-8. papier vélin, cart., non rogn.

> Ce poète parait être Thibaud de Montmorency, seigneur de Marly, fils de Mathieu 1er du nom, connétable de France, mort en 1160. Ces vers sont ceux qu'Antoine Loysel avait déjà publiés en 1594 et qu'il attribuait à Hélinand, moine de Froidmont, auteur d'un poème sur le même sujet.
> Cette nouvelle édition présente le texte complet tandis que dans celle de Loysel il n'y a que 39 stances au lieu de 49. L'ouvrage est précédé d'un avertissement et suivi d'un glossaire, par Méon.

70. PARTONOPEUS de Blois, publié pour la première fois, d'après le manuscrit de la bibliothèque de l'Arsenal, avec trois fac-similé, par G.-A. Crapelet. *Paris, Impr. de Crapelet*, 1834, 2 vol. gr. in-8, papier vélin, cart., non rogn.

> Célèbre poème d'un trouvère français du xiie siècle, une des œuvres les plus attrayantes de cette époque, tant par l'intérêt de la composition que par le charme des détails. Le sujet a des ressemblances singulières avec la légende de Psyché recueillie par Apulée dans l'*Ane d'or*, mais le poète a interverti les rôles.
> Il est fort douteux cependant que l'auteur ait connu l'ouvrage d'Apulée. Ce charmant poème eut une grande célébrité au moyen âge. Du xive au xvie siècle, il fut traduit en allemand, en danois et en espagnol. En France, le poème, resté manuscrit, ne fut connu qu'au xviiie siècle par une paraphase médiocre de Legrand d'Aussy.
> Cette édition qui donne le texte complet précédée d'une préface par Crapelet et d'un examen critique du poème (LXIV pp.), par C. M. Robert.
> De la collection des anciens monumens de l'histoire et de la langue françoise.

71. LE BESTIAIRE d'amour, par Richard de Fournival, suivi de la Réponse de la Dame, enrichi de 48 dessins gravés sur bois. — Messire Gauvain ou la vengeance de Raguidel, poëme de la Table Ronde, par le trouvère Raoul. — La Vie de Saint Thomas le martyr, archevêque de Canterbury par Garnier de Pont-Sainte-Maxence, poète du xiie siècle. *Paris, Aubry*, 1859-1862. — Ens. 3 vol. pet. in-8, br., couv. imp.

> De la *Collection des écrivains et poètes du moyen âge*, publiée avec une introduction et des notes par C. Hippeau. Tiré à 350 exemplaires. Un des 300 sur papier vélin.

72. ROMAN d'Eustache le Moine, pirate fameux du treizième siècle. Publié pour la première fois, d'après un manuscrit de la Bibliothèque royale, par Francisque Michel. *Paris, Silvestre, impr. de Didot*, 1834. — Cy sensuit le Bancquet du boys nouvellement imprimé (*Chartres, Garnier*). — Le Blason des basquines et verrugalles. *Lyon*, 1563 (*Paris*, 1833). — Zwei Fabliaux ans einer Nuenburger Hands-chrift., hérausgegeben von Adelbert Keller. *Stuttgart*, 1840. — Du Festin du Roi-Boit. *Besançon*, 1762 (*Lille*), réimp. — Ens. 5 vol. ou plaq. in-8, br.

> Le premier volume est incomplet des titre, faux titre et fac-similé.

73. ROMAN de Mahomet, en vers du xiiie siècle, par Alexandre Du Pont, et Livre de la Loi au Sarrazin, en prose du xive siècle, par Raymond Lulle publiées pour la première fois, et accompagnés de notes par MM. Reinaud et Francisque Michel. *Paris, Silvestre*, 1831, gr. in-8, fig., demi-rel. veau brun, dos orné, tr. jasp. (*Rel. de l'ép.*).

> Edition tirée à 200 exemplaires, avec 2 pl. hors texte en chromolithographie. Un des 175 ex. num. sur papier vélin.
> Le *Roman de Mahomet* est une histoire rimée du prophète des Arabes, composée à

Laon en 1258 par Al. du Pont. Le *Livre de la loi au Sarrazin* est la quatrième partie d'un manuscrit plus considérable intitulé *Livre du Gentil et des trois Sages* dans lequel, sous forme de dialogues, un juif, un chrétien et un musulman exposent leurs croyances respectives en présence d'un Gentil qui ne professe aucune religion. L'auteur de ce traité est Raimond Lulle célèbre philosophe franciscain, lapidé à Tunis.

74. — ROMAN de Robert le Diable, en vers du XIIIe siècle, publié pour la première fois d'après les manuscrits de la Bibliothèque du Roi. par G.-S. Trébutien. *Paris, Silvestre*, 1837, in-4, caract. gothiques, fig. — Chansons de Maurice et de Pierre de Craon, poètes Anglo-Normands du XIIe siècle, publiées pour la première fois, d'après les manuscrits par G.-S. Trébutien. *Caen, Mancel*, 1843, plaq. in-12, br.

Le premier volume, illustré de figures sur bois, est tiré à 130 exemplaires num., le second à 120.

75. HISTOIRE (L') du châtelaine de Coucy et de la Dame de Fayel, publiée d'après le Manuscrit de la Bibliothèque du Roi et mise en françois par G.-A. Crapelet. *Paris, Impr. de Crapelet*, 1829, gr. in-8, papier vélin, 2 fac-similé, cart., non rogn.

Edition reproduisant, pour la première fois, le texte complet du manuscrit, accompagné de sa traduction.
L'auteur de ce poëme sur le Chatelain de Coucy serait Jacques Saquespré, d'après M. Chassant, ou Jean Certain, poète flamand du XIIIe siècle et d'après P. Lacroix.
De la *Collection des Anciens monumens de l'histoire et de la langue françoise*.

76. ROMAN du Renart (Le), publié d'après les manuscrits de la Bibliothèque du Roi des XIIIe, XIVe et XVe siècles, par M. D. M. Méon. *Paris, Treuttel et Würtz*, 1826, 4 vol., 4 front. par Desenne. — Le Roman du Renart, supplément, variantes et corrections. Publié d'après les manuscrits de la Bibliothèque du Roi et de la Bibliothèque de l'Arsenal, par P. Chabaille. *Paris, Silvestre*, 1835. — Le Roman du Renard, traduit pour la première fois d'après un texte flamand du XIIe siècle, édité par J.-F. Willems, augmenté par Octave Delepierre. *Paris, Châlamel, Téchener, s. d.* — Ens. 6 vol. in-8, demi-rél. veau bleu, dos ornés, tr. marb.

77. PIÈCES du XIIIe siècle relatives aux *Vilains*, publiées par MM. Francisque Michel, Jubinal et Monmerqué. *Paris, Silvestre*, 1833-1834, 4 plaq. in-8, br.

Des XXIII manières de Vilains. — Même pièce, accompagnée de la traduction par Ach. Jubinal. — De l'Oustillement au Villain. — La Riote du monde. — Le Roi d'Angleterre et le jongleur d'Ely.
Tiré à petit nombre.

78. LORRIS (de) et Jean de Meung. Le Roman de la Rose, nouvelle édition revue et corrigée sur les meilleurs et plus anciens manuscrits, par M. Méon. *Paris, Impr. de P. Didot*, 1814, 4 vol. in-8, fig., veau vert rac., dent., dos ornés, tr. jasp. (*Rel. de l'époque*).

1 portrait par Langlois et 4 figures par Monnet, gr. par Patas et Demonchy.
Excellente édition précédée d'une préface par Lenglet du Fresnoy, de celle que Marot fit pour son édition corrigée, d'une vie de Jean de Meung par A. Thévet, d'une dissertation sur le *Roman de la Rose* par Lantin de Damerey et enfin d'une analyse de ce roman par le même. Elle est suivie de différentes poésies de Jean de Meung ou attribuées à ce poète et de pièces contemporaines parmi lesquelles : Le Testament de Jehan de Méung, Les Remonstrances ou la Complainte de Nature à l'Alchymiste errant, Petit traicté d'Alchymie de Nicolas Flamel, La Fontaine des amoureux de science, etc.

79. **Extraits** de plusieurs petits Poèmes, écrits à la fin du xive siècle
par un Prieur du Mont Saint-Michel, publiés pour la première fois.
Caen, Mancel, 1837, gr. in-8, cart., non rogn.

> Poèmes composés en 1330 par le Prieur Eustache et transcrits en 1400 par Nicolas
> Delaunay. Ce sont des extraits de cette transcription, communiqués par M. Desroches,
> qui sont publiés ici pour la première fois.
> Tiré à 150 exemplaires sur papier vélin.

80. **Pas d'Armes** (Le) de la Bergère, maintenu au Tournoi de Taras-
con ; publié d'après le manuscrit de la Bibliothèque du Roi, avec un
précis de la chevalerie et des Tournois, et la relation du carrousel
exécuté à Saumur en présence de S. A. R. Madame Duchesse de
Berry, le 20 juin 1828, par G.-A. Crapelet. *Paris, Imp. Crapelet*, 1828,
gr. in 8, papier vélin, fig., cart., non rogn.

> Relation en vers du Tournoi de Tarascon, composée au xve siècle par Louis de
> Beauvau, grand sénéchal du roi René, et publié ici pour la première fois. Le Tournoi
> qui fait l'objet de ce poème eut lieu en 1449, à Tarascon. La *Bergère* que l'auteur ne
> nomme pas était, selon toute vraisemblance, la belle Jeanne de Laval.
> De la *Collection des anciens monumens de l'histoire et de la langue française*. Exem-
> plaire avec la miniature coloriée et auquel on a ajouté le portrait de la duchesse de
> Berry, lithog. par Delpech.

81. **Combats** des Trente, poème du xive siècle, transcrit sur le manuscrit original conservé à la bibliothèque du Roi et accompagné de
notes historiques, par M. le chevalier de Fréminville. *Brest, Letour-
nier*, 1819, in-8, papier de Hollande, demi-rel. dos et coins de mar.
rouge à long grain, dos orné, non rogn. (*Bauzonnet-Purgold*).

82. **Combat** (Le) des trente Bretons contre trente Anglois, publié d'après
le manuscrit de la Bibliothèque du Roi. *Paris, Imp. de Crapelet*, 1827,
gr. in-8, fig., br.

> Poème du xive siècle relatif au *Combat des Trente*. Cette édition a été donnée par
> Crapelet qui a fait suivre le texte original d'une traduction du poème, et d'une relation
> du combat extraites des Chroniques de Froissart. Elle se termine par différentes pièces
> relatives au monument élevé pour commémorer cette bataille Illustré de 2 fac-similé,
> six planches d'armoiries des trente Bretons et d'une lithog. d'après V. Adam.
> Tiré à petit nombre.

83. **Cérémonies** des gages de bataille, selon les constitutions du bon
Roi Philippe de France, représentées en onze figures, suivies d'instructions sur la manière dont se doivent faire empereurs, rois, ducs,
marquis, comtes, etc., avec les avisemens et ordonnances de guerre,
publiées d'après le manuscrit de la Bibliothèque du Roi, par G. A. Crapelet. *Paris, Imp. de Crapelet*, 1830, gr. in-8, fig., cart., non rogn.

> Texte du manuscrit contenant l'ordonnance de Philippe-le-Bel sur les gages de
> bataille, ou duels de justice. Précédé d'un avertissement et suivi du *Discours, avec*
> *l'ordonnance du Roi Saint Louis contre les Duels* (1270), par Jean Savaron, 1614. Illus-
> tré de 11 planches lithog. reproduisant les miniatures du manuscrit.
> De la *Collection des anciens monumens de l'histoire et de la langue françoise*.

84. **Deschamps** (E.). Poésies morales et historiques d'Eustache Deschamps, écuyer, huissier des rois Charles V et Charles VI, chatelain
de Fismes et bailli de Senlis, publiées pour la première fois d'après
le manuscrit de la Bibliothèque du roi avec un précis historique et

littéraire sur l'auteur, par G. A. Crapelet. *Paris, Crapelet*, 1832, gr. in-8, papier vélin, cart., non rogn.

Les Poésies d'Eustache Deschamps sont suivies d'un traité en prose du même auteur : L'Art de dictier et de fère chançons, balades, virelais et rondeaulx. De la *Collection des anciens monumens de l'histoire et de la langue francaise.*

85. Villon. Œuvres de Maistre François Villon, corrigées et augmentées d'après plusieurs manuscrits qui n'étaient pas connus, précédées d'un mémoire, accompagnées de variantes par R. Prompsault. *Paris, Ebrard*, 1835, in-8. — Le Dit de la naissance Marie de Bourgogne, poème inédit de Maistre François Villon, extrait de ses œuvres publiées par J. H. R. Prompsault. *Paris, Téchener*, 1832, plaq. — Ens. 1 vol. et 1 plaq. in-8, cart. papier et br.

Portrait de Villon ajouté au premier volume.

B. — DEPUIS L'ÉPOQUE DE VILLON JUSQU'A MAROT

86. Poésies des xve et xvie siècles publiées d'après des éditions gothiques et des manuscrits. *Paris, Silvestre*, 1830-1832, 15 plaq. en 1 vol. gr. in-8, fig. et lettres ornées, br.

Ce recueil publié par Crapelet et tiré à 100 exemplaires sur papier de Hollande se compose des 15 pièces suivantes : L'Art et Science de Rhétorique, par Henry de Croy. — Le Casteau d'amour, par Gringoire. — Le Débat de l'hiver et de l'été et plusieurs autres joyeusetés. — Le Débat du vieil et du jeune. — Sermon nouveau et fort joyeulx. — Le Caquet des bonnes Chamberières. — Sermon joyeulx de Monsieur Sainct Haren. — La Réformation : sur les Dames de Paris faicte par les Lyonnoises. — Déploration de Robin. — Le Songe doré de la Pucelle. — La Complainte de la grosse cloche de Troyes, par Nicolas Mauroy. — Les Souhaits du monde. — La farce du Meunier, composée par de La Vigne. — Moralité de l'aveugle et du boiteux, par de La Vigne. — La farce de la Pipée. Ces trois dernières pièces étaient inédites.

87. La Réformation sur les dames de Paris, faite par les lyonnoises. Réponse et réplique des dames de Paris contre celles de Lyon. *Paris, Crapelet*, 1830, plaq. in-8, caractères gothiques, cart.

De la collection des *Poésies gothiques françoises.* Tiré à 100 exemplaires sur papier de Hollande.

88. Michault (P.). La Dance aux aveugles (par Pierre Michault), et autres poésies du xve siècle, extraites de la bibliothèque des ducs de Bourgogne. *Lille, Panckoucke*, 1748, in-12, veau rac., filets, dos orné, dent. intér., tr. dorées (*Rel. anc.*).

Curieux recueil publié par Lambert Doúx fils, contenant, outre La Danse aux Aveugles, Le Testament de Pierre de Nesson, La Confession de la belle-fille, Débat de l'homme mondain et du Religieux, Le Miroir des Dames, etc. Raccommodage à un f.

89. Jean Joret, poète normand du xve siècle, escripteur des rois Charles VII, Louis XI et Charles VIII, par J. G. A. Luthereau. *Paris, Derache*, 1841, in-8, br., couv. imp., dos factice.

Publication de *Le Jardin salutaire* de J. Joret faite pour la première fois d'après un manuscrit de la Bibliothèque royale. Elle est précédée de considérations historiques sur les origines, le développement et les progrès de la langue et de la poésie françaises et suivie de tables historiques et bibliographiques relatives aux écrivains Normands du IVe au XVIe siècle.

Lég. mouillures au titre et au faux-titre.

90. GRINGOIRE. Les Faintises du monde de Pierre Gringoire, nouvellement réimprimées et précédées d'une notice littéraire. *Douai, Imp. de V. Adam*, plaq. in-8, br.

Réimpression publiée par les soins de M. G. Duplessis qui l'a fait précéder d'une étude sur la vie et les œuvres de Gringoire. Tirée à 40 exemplaires num. sur papier vélin.

91. GRINGOIRE (Pierre). Le Blazon des hérétiques (*Paris, Téchener*), gr. in-8. — Le Tygre, satyre sur les gestes mémorables des Guisards, 1561 (*Douai, 1842*). — Le Testament de la Ligue. MDXCIIII (*Chartres, Garnier, 1834*). — Ens. 3 plaq. in-8, br.

La réimpression de l'ouvrage de Gringoire a été publiée par les soins de M. Hérisson qui y a joint une courte notice sur l'auteur. Tiré à 66 exemplaires dont 52 sur papier vergé. La seconde plaq. est tirée à 25, la troisième à 32 exemplaires.

92. LES MOYENS d'éviter merencolye soy conduire et enrichir en tous estatz par lordonnance de Raison compose nouvellement par Dadouville. — Le Dévot et Sainct Sermon de Monseigneur Sainct Jambon et de Ma Dame Saincte Andoulle. — Ens. 2 plaq. in-12, caract. goth., fig. sur bois, cart., non rog.

Réimpressions publiées par Téchener, tirées à très petit nombre.

C. — POÉSIES ANONYMES DEPUIS VILLON JUSQU'EN 1644

93. COMMANDEMENS (Les) de Dieu et du Dyable, avec La Remenbrance de la Mort. *Se vend à Paris, chez Téchener, s. d.* (1831), plaq. in-8, titre orné d'une fig. sur bois, demi-rel. veau fauve, non rogn.

Réimpression de deux poèmes de la fin du XVe siècle, tirée à 76 exemplaires. Un des 60 sur papier de Hollande.

94. CORNEMENT des cornars pour recréer les esperiz ecornifistibulez (A la fin). *Cy fine le cornement des cornars nouvellement imprimé à Paris* (1831), pet. in-8, goth. de 4 ff.

Jolie pièce lithographiée par Jouy, décorée de vignettes et de bordures, fac-similé de celles des *Heures* publiées par Simon Vostre. Réimpression, publiée par Francisque Michel, qui lui a donné le titre ci-dessus, de *Pensée terrible*, pièce parue dans *La forêt de tristesse* poème de Jean de Mun (vers 1530). Tiré à 30 exemplaires. Un des 25 num. sur papier de Chine.

95. RÉIMPRESSIONS de relations historiques en vers. *Valenciennes, Prignet et Paris, Téchener*, 1834-1842, 4 plaq. in-8 et in-12, br.

Le Triumphe des Carmes, poème du XIVe siècle. — Le Depucellage de la Ville de Tournay, avec les pleurs et lamentations obstant sa défloration, 1513. — Même pièce, réimp. fac-similé. — Ballet des Franchoiz et Hollandois en Brabant, suivie de la relation véritable de ce qui s'est passé en la ville de Tillemont, 1635.
Tiré à 25 et 30 exemplaires.

96. Dyalogue dung Tavernier et dung Pyon, en françoys et en latin imprimé nouvellement. *S. l. n. d.,* gr. in-8 de 8 pp., demi-rel. veau fauve, non rogn.

> Réimpression faite par Garnier à Chartres en 1831, et tirée à 40 exemplaires sur papier vélin.

97. Les Dictz de Salomon avecques les responses de Marcon fort ioyeuses. *S. l. n. d.,* pet. in-8, goth. de 4 ff., titre orné d'une fig. sur bois, br.

> Réimpression fac-similé d'un opuscule très rare, publiée en 1833 et tirée à 15 exemplaires seulement.

98 La Lettre de corniflerie. Imprimé nouvellement. *S. l. n. d.* (*Paris, Silvestre,* vers 1832), in-16, goth. de 4 ff., figures sur bois, demi-rel. dos et coins de mar. rouge, tête dorée, non rogn.

> Lettres patentes adressées à toutes gens de « meschant gouvernement », defferreurs de chevaulx mors, ruffians, larrons, escumeurs de pottées froides, etc., pour user d'escorniflerie ou de vol.
> Réimpression fac similé exécutée par H. Jouy et tirée à 30 exemplaires num.

99. Sermon joyeulx de la pacience des femmes obstinées contre leurs marys, fort joyeulx et récréatif à toutes gens. — Sensuyt ung sermon fort joyeulx pour lentrée de table. Avec graces fort joyeuses. — Sermon joyeulx de Monsieur sainct Haren. Nouvellement imprimé. — La Fontaine Damours et la description nouvellement imprimée. — Ens. 4 plaq. in-12, caract. goth. et fig. sur bois cart., et br.

> Réimpressions publiées par Téchener, 3 sont tirées à 40, et 1 à 60 exemplaires.
> Exemplaires imprimés sur papier de Chine.

100. Testament (Le) dung Amoureux qui mourut par amour, composé nouvellement. C'est le *De profundis* des amoureux. *Se vend à Paris, chez Téchener, s. d.,* in-16 de 4 ff., demi-rel. veau fauve.

> Réimpression faite par Garnier, à Chartres et tirée à 40 exemplaires. Un des 10 sur papier vélin.

D. — DE MAROT A MALHERBE

101. Réimpressions de Facéties des xvie et xviie siècles. *Paris et Lyon, Crapelet, Claudin, Scheuring,* etc., 6 vol. pet. in-8 et in-12, br.

> La Fleur de toute Joyeuseté (vers 1540). Recueil de tout Soulas et Plaisir et Parangon de poésie, 1552. — Recueil des plaisants Devis, récités par les supposts du Seigneur de la Coquille, 1584. — Discours joyeux en façon de sermon faict avec notable industrie par deffunct Maistre Jean Pinard, 1607. — Formulaire fort récréatif de tous contracts, donations, testamens, etc., faict par Brédin le cocu, 1610. — Bibliothèque facétieuse historique et singulière ou réimpressions de pièces curieuses, rares ou peu connues (xviie siècle). Tirés à petit nombre. Tache à un volume.

102. Du Guillet (Pernette). Poésies de Pernette du Guillet, lyonnaise. *Lyon, Perrin,* 1830, in-8, cart. toile, non rogn.

> Edition précédée d'une notice sur l'auteur, extraite des Vies des Poètes de Colletet et

de la préface de Dumoulin, premier éditeur du recueil ; elle est terminée par un glossaire.
Tiré à 100 exemplaires num.
Ex-libris Viollet-Le-Duc.

103. Du Guillet (Pernette). Rymes de gentile et vertueuse Dame D. Pernette Du Guillet, lyonnoise. *A Lyon, par Louis Perrin*, 1856, pet. in-8, cart. non rogn.

Edition complète publiée par M. Monfalcon, d'après les trois éditions originales.
Tiré à 125 exemplaires sur papier de Hollande.

104. Saint-Gelais. Œuvres poétiques de Mellin de S. Gelais. Nouvelle édition augmentée d'un très grand nombre de pièces latines et françoises. *Paris*, 1719, in-12, veau granit., dos orné, tr. roug. (*Rel. anc.*).

Edition donnée par Coustelier, augmentée de diverses pièces tirées d'un manuscrit provenant de la bibliothèque de Desportes. Exemplaire contenant *l'Avis au lecteur*, 4 pp., qui manque souvent, et auquel on a ajouté un portrait de l'auteur dess. et gr. par Gaucher.
Déchirure à un f.

105. Scève (Maurice). Savlsaye, Eglogve de la vie solitaire. *A Lyon, par Jean de Tournes*, 1547, plaq. in-8, fig. sur bois, demi-rel. veau rouge, dos orné à froid et doré, non rog.

Réimpression fac-simile publiée par Pontier à Aix en 1829. Tirée à 86 exemplaires. Un des 8 sur papier rose.

106. Les Œuvres de Théophile, divisées en trois parties, première partie contenant l'immortalité de l'âme, la seconde la tragédie de Pirame et Thisbé et la troisiesme les pièces qu'il a faites pendant sa prison. *Paris, Nicolas Pépingué*, 1662, 2 tomes en 1 vol. in-12, veau brun, filets dorés et dent. à froid, dos orné, dent int., tr, dorées (*Thouvenin*).

E. — POÈTES DEPUIS 1628 JUSQU'A NOS JOURS

a. *Poésies de divers genres.*

107. Rymaille sur les plus célèbres Bibliotières de Paris, par le Gyrouague Simpliste. *S. l.*, 1649, in-4 de 2 ff., br., couv. factice.

Edition originale rare.

108. Vauquelin des Yveteaux. Les Œuvres poétiques de Vauquelin des Yveteaux réunies pour la première fois, annotées et publiées par Prosper Blanchemain. *Paris, Auguste Aubry*, 1854, gr. in-8, port., br., couv. imp.

Tiré à 300 exemplaires. Un des 274 num. sur papier de Hollande.
On y joindra : Vauquelin des Yveteaux, par Rathery. *Paris, Aubry*, 1854, et Vauquelin-des-Yveteaux, par Ed. Neveu, extrait des *Normands illustres*. 2 plaq. in-8, br.

109. Dissertation sur les sonnets pour la belle matineuse à Monsieur
Conrart, secrétaire du Roy (par G. Ménage). Seconde édition. *Paris,
Barbin*, 1689. — Les Heures de récréation, contenant les poésies
amusantes, sérieuses, badines, critiques et morales de Monsieur ***
(Dreux du Radier). *Paris, Clément*, 1740. — -Ens. 2 vol. in-12, le pre-
mier br., le second dérelié, couv. factices.

110. Œuvres de Boileau, édition dédiée au roi. *Paris, de l'imprimerie et
de la fonderie de Pierre Didot*, 1819, 2 vol. in-fol. Portrait lithog. par
Belliard, 9 vignettes dess. par Fortin, grav. par Girardet, cart., non
rogn.

   Ce beau livre a été tiré à 125 exemplaires seulement.

111. Recueil factice de 44 pièces en vers à la louange de Louis XV,
notamment à l'occasion de la bataille de Fontenoy, publiées de 1723
à 1746, en 1 vol. in-4, broch. factice.

   Les Conquêtes du Roy, par l'abbé Fréron; Requête du curé de Fontenoy (par Marchand); Vers sur la bataille de Fontenoy, par le vicaire du lieu; Regrets des filles de
   Fontenoy sur les conquêtes du Roy; La louange et l'adulation, par Rigaud, etc. On y
   joindra 10 pièces diverses, en prose et en vers, en l'honneur de Stanislas, roi de Polo-
   gne, du Cardinal de Fleury, du Comte de Morville (manuscrite), etc.

112. Poésies diverses de M. Desforges-Maillard, dédiées à M. de Ma-
chault. *Paris, Huart*, 1750, 2 parties en 1 vol., veau rac. (*Rel. anc.*).
— Mélanges et fragmens poétiques, en français et en latin, par M. de
Marvielles (Claude de Marolles). *Paris, Berton*, 1777, veau fauve, dos
orné (*Rel. anc.*). — Fables de Mancini-Nivernois, publiées par l'auteur. *Paris, Impr. de Didot*, 1796, 2 vol. in-12, port., demi-rel. dos et
coins de mar. rouge à long grain, dos ornés à froid et dorés, non
rogn. (*Vogel*). — Ens. 4 vol. in-18, rel.

113. Malfilatre. Narcisse dans l'isle de Vénus, poème en quatre
chants. *Paris, Maradan, s. d.* (1765), gr. in-8, fig., veau fauve, dentelle,
dos orné, dent. intér., tr. dorées (*Bozérian*).

   1 titre par Eisen, gr. par de Ghendt et 4 figures par G. de Saint-Aubin, gr. par Massard.
   Premier tirage. Bel exemplaire.

114. Chef-d'oeuvres (sic) de poésies philosophiques et descriptive du
xviiie siècle. *S. l. n. d.* (*Paris*, 1788-1791), 3 vol. in-18, titres gr., veau
granit., dos ornés, tr. jasp. (*Rel. anc.*).

   Recueil attribué à Sylvain Maréchal, contenant des poésies de Voltaire, Ducis, Mar-
   montel, Delille, Dorat, etc.

115. Gresset. Œuvres. Nouvelle édition augmentée de pièces inédites.
Paris, Bluet, an XIII (1805), 3 vol. pet. in-12, veau granit., dent., dos
ornés, dent. intér., tr. dorées (*Simier*).

   1 portrait gr. par A. de Saint-Aubin, d'après Nattier et 5 figures par Moreau, gr. par
   Dupréel, Simonet, etc.

116. Bonnard (B. de). Poésies diverses de M. de Bonnard. *Paris, Desenne*, 1791, in-8, port. gr. par De Launay d'après Vestier, demi-rel.

veau rac.,dos orné (*Rel. anc.*). — Précis historique de la vie de M. de Bonnard, par M. Garat. *Paris, de l'Impr. de Monsieur*, 1785, in-18, demi-rel. dos et coins de mar. violet, dos orné, non rogn. (*Rel. romantique*).

> Edition originale de la Vie de Bonnard, par Garat, imprimée à petit nombre pour les amis de l'auteur.

117. GLICÈRE, où la philosophie de l'amour, poème champêtre divisé en autant de parties que le jour (par Camille Saint-Aubin). *Zurich (Paris, Didot)*, 1796, in-8, br.

> Tiré à 100 exemplaires sur papier vélin.

118. GUYÉTAND. Poésies diverses par Guyétand, du Mont Jura. *A Paris, de l'Imprimerie de Clousier*, 1790, in-8, mar. vert, fil., dos orné, dent. intér., tr. dor. (*Rel. anc.*).

> Exemplaire sur grand papier vélin fin.

119. LA CHABEAUSSIÈRE (A. E. Xavier de). Œuvres diverses du C^{en} La Chabeaussière. Quelques poésies, essais de traduction en vers d'Homère, de Virgile, d'Horace, apologues moraux, chansons, etc. *Paris, Fuchs*, an IX (1801), in-8, demi-rel. veau fauve, tête marb., non rog.

> Exemplaire auquel on a ajouté un portrait de l'auteur gr. par Bertonnier, d'après Pajou; et une lettre autog. signée de La Chabeaussière, adressée au citoyen Camérani, célèbre scapin de la Comédie italienne.

120. TROIS AGES (Les), ou les jeux olympiques, l'amphithéâtre et la chevalerie (par Roux de Rochette). *Paris, Impr. Firmin-Didot*, 1816, in-12, maroquin rouge à long grain, filets et dent., dos orné, dent. intér., tr. dorées (*Simier*).

121. PARNY (Evariste). Poésies érotiques, par M. le chevalier de Parny. *A l'Isle de Bourbon (Paris, Vve Duchesne)*, 1778, pet. in-8, br., couv. factice.

> Edition originale du premier recueil de poésies de Parny. Dans ces vers l'auteur chante ses amours avec une jeune créole de l'île Bourbon, qu'il célèbre sous le nom d'Eléonore, mais qui était en réalité une demoiselle du nom plus prosaïque de Troussaille. Ces charmantes élégies valurent à l'auteur d'être présenté à Voltaire qui, tout mourant qu'il était (1778), lui donna l'accolade en l'appelant « Mon cher Tibulle »
> Tiré à petit nombre sur papier de Hollande.

122. PARNY. Œuvres d'Evariste Parny. *Paris, Debray*, 1808, 4 vol. in-12, portrait, veau rac., dent. intér., tr. dorées (*Rel. anc.*).

> Exemplaire auquel on a ajouté un fragment d'une lettre autographe de Parny.

123. MILLEVOYE. Œuvres, précédées d'une notice biographique et littéraire par de Pongerville. *Paris, Furne*, 1833, 2 vol., port. par Deveria et 2 fig. par Tony Johannot, demi-rel. veau rouge, dos ornés à froid et dorés, tr. marb. (*Rel. romantique*). — Contes en prose et en vers, suivis de pièces fugitives, par M. de Lantier. Seconde édition augmentée de plusieurs contes inédits. *Paris, Arthus-Bertrand*, 1809, 2 vol., 3 fig. par Bornet, gr. par Tardieu, br. — Poèmes et poésies,

par Verlac. *Paris, Pougens*, an X (1802), br. — Ens. 5 vol. in-8, demi-rel. et br.

On a ajouté au premier ouvrage le fac-similé d'une lettre et une adresse autographe de Millevoye.

124. VENANCE (V. F. Dougados). Œuvres de Venance, publiées par M. Auguste de Labouisse. *Paris, Delaunay*, 1810, in-12, maroquin rouge à long grain, dentelle et filets, fleurons d'angles à froid, milieux ornés, dent., intér., tr. dorées (*Lefebvre*).

Exemplaire imprimé sur papier vélin.
Ex-libris G. de Pixérécourt.

b. Poèmes heroïques, descriptifs,

érotiques, satiriques et badins. Odes, Epitres,

Epigrammes.

125. VOLTAIRE. La Henriade. Edition dédiée à S. A. R. Monsieur. *Paris, de l'Imprimerie fonderie de Pierre Didot, s. d.*, in-fol., front., demi-rel. mar. rouge.

Tiré à 105 exemplaires.

126. ARRETIN MODERNE (L') (par Du Laurens). *Rome, aux dépens de la Congrégation de l'Index*, 1783, 2 vol. — Le Balai, poème héroï-comique en XVIII chants (par Du Laurens). *Constantinople, de l'Impr. du Mouphti (Amsterdam)*, 1791. — Ens. 3 vol. in-12, veau rac., filets, dos ornés, tr. jasp. (*Rel. anc.*).

Tache sur le faux-titre du premier volume.

127. BERCHOUX. La gastronomie, poème suivi de poésies fugitives de l'auteur. Quatrième édition corrigée et augmentée. — La Danse ou les Dieux de l'Opéra, poème. — Le philosophe de Charenton (par l'auteur de La Gastronomie. *Paris, Giguet et Michaud*, 1803-1806. — L'Antigastronomie, ou l'Homme de Ville sortant de table, poème en IV chants. Manuscrit trouvé dans un pâté et augmenté de remarques importantes (par J.-B. Gouriet), avec figure. *Paris, Hubert*, 1806. — Ens. 4 vol. in-12, dont 3 rel. veau rac., dos ornés (*Rel. anc.*), et 1 br.

La *Gastronomie* est ill. de 1 front. et 3 fig. par Myris et Monsiau, gr. par Baquoy, Delvaux, etc., La *Danse*, d'un front. par Myris, gr. par Baquoy ; l'*Antigastronomie*, d'un front. par Desrais, gr. par Bovinet.

128. BERCHOUX. Œuvres de Berchoux. *Paris, Michaud*, 1829, 4 vol. pet. in-8, fig., cart., non rogn. (*Cart. de l'époq.*).

La Gastronomie, poème, suivie de poésies fugitives. — La Danse, ou la Guerre des Dieux de l'Opéra. — Les Encelades modernes. — L'Art politique.
4 figures par Desenne et Deveria.
Bel exemplaire sur papier vélin, avec les figures sur papier de Chine, auquel on a ajouté 2 portraits de Berchoux gr. par Tardieu Les ff. 2 et 3 du tome IV ont été transposés.

129. VOLTAIRE. La Pucelle d'Orléans, poème en vingt et un chants. Edi-

tion ornée de figures gravées par les meilleurs Artistes de Paris. *Paris, de l'Imprimerie de Didot le Jeune,* an III (1795), 2 vol. in-4, cart., non rogn. (*Cartonnage anc.*).

Très bel exemplaire de cette superbe édition ornée d'un portrait gravé par Gaucher et de 21 figures de Monsiau, Monnet et Marillier gravées par Baquoy, Choffard, Delvaux, Lemire, Ponce, etc.

130. Poèmes (Petits) et satires, 17 plaq. in-8, br., demi-rel. et dérelié.

L'Art de Prescher (par l'abbé Villiers). *Cologne,* 1682. — La Bazoche, poème, par un bazochien. *Avignon,* 1758. — Satire contre le faux goût, 1772. — Le triomphe de la Basoche, poème par M. Tignel. *Paris,* 1788. — La Confédération, poème en cinq chants. *Hall,* 1789. — La nouvelle Chartreuse ou ma détention à Port-Libre, par le citoyen Vigée. *Paris, Franklin,* an II. — Les Visites, poème par Vigée. *Paris, Louis,* an VII. — Les quatre métamorphoses, poèmes. *Paris, Laloy,* an VII. — L'Ile de Félicité ou Anaxis et Théone, par Mme Fanny Beauharnais. *Paris, Masson,* an IX. — Les Trois fanatiques, poème par Lemercier. — Epitre à MM. de l'Académie Française, par Casimir Delavigne. *Paris,* 1817, etc.

131. Messe de Gnide (La) (par Griffet de La Baume). *A Paris, chez les marchands de nouveautés,* an II (1794), pet. in-12, demi-rel. mar. rouge à long grain, tr. jasp.

Edition originale, rare, de cette parodie érotique de la Messe écrite par Griffet de La Baume, sous le nom de Nobody.

132. Ode aux Manes de Piron, suivie de contes, épigrammes, madrigaux et autres morceaux. *A Paphos et Paris,* s. d., in-8, demi-rel. veau fauve, dos orné, non rogn. (*Koehler*).

133. Epitres, satires, etc. 16 vol. et plaq. in-8, br.

La Galéide, ou le chat de la nature, par Moutonnet : *Galeopolis,* 1768, front. — Le Verger, poème par M. de Fontanes. *Paris, Prault,* 1788. — Les quatre âges de l'homme (par Alix et Mlle Dhormoy). *Paris,* 1782. — Epitre à Corneille. *Paris,* 1806. — Nouvel Art poétique, par M. Violet-le-Duc. *Paris,* 1809. — Le Compas et la lyre, opuscule en vers composé pour S. E. Mme la comtesse Potocka, par A.-F. Mauduit. *St-Pétersbourg,* 1810. — Suite des chants héroïques et populaires des soldats et matelots grecs, trad. en vers français, par N. Lemercier. *Paris,* 1825. — Poniatowski. Hâtons-nous, par Béranger. *Paris,* s. d. — La Nature, par Bonvalot. *Paris,* 1836. — Les Familières, épitres en vers, par Ancélot. *Paris,* 1842, etc.

134. Odes et Poèmes relatifs aux événements politiques de la Révolution. 24 plaq. in-8, demi-rel. et br.

La Muse patriotique. Vers présentés au Roi à l'occasion des Etats Généraux, par Bezassier. *Paris,* 1789. — La Parisiade, poème dédié au comité d'inquisition, par un Hottentot. *Au cap de Bonne Espérance,* 1789. — La prise des annonciades. Epitre sur la Révolution. Prospectus d'un journal en vaudevilles (par le Marquis de Bonnay). *Hambourg,* 1796, 3 parties en 1 vol. — La Dunciade, poème, nouvelle édition augmentée du tableau du Jacobinisme, etc. (par Ch. Palissot). *Paris, Barrois,* an V. — Les quatre métamorphoses, poèmes (par Lemercier). *Paris, Laloy,* an VII. — Odes Nationales, par Barjaud. *Paris,* 1811. — Odes et chansons en l'honneur de Lafayette, 6 pièces. — Odes sur la reprise de Toulon, sur les événements de 1792, etc.

135. La Jacobinéide, poème héroï-comi-civique, par l'auteur de la chronique du manège (Fr. Marchant). *Paris, au bureau des Sabats Jacobites,* 1792, fig. — Discours de M. Péthion à la Commune et réponse de la Commune à M. Péthion. *Paris,* 1791, plaq. de 16 pp. — Ens. 2 ouvrages en 1 vol. in-8, br., couv. factice.

Le premier ouvrage est orné de 12 curieuses figures non signées.

136. BRULEBOEUF (B.-Ant.). Odes et poèmes. 8 vol. ou plaq. in-8 et in-12, dont 1 rel. et 7 broch.

> Guignolet, ou la Béatomanie, poème héroï-comique en neuf chants, suivi de poésies diverses. *Paris, Lenormani, 1810.* — Vers sur la mort de Luce de Lancival (extrait du *Mercure*). — Les Fêtes de l'Olympe, poème en deux chants; suivi de la nymphe de la Seine, et de la ville de Paris, ode à l'occasion du Mariage de Napoléon-le-Grand. *Paris, Imp. de Gillé, 1810.* — Racine chez Corneille ou la lecture de Psyché, comédie en un acte et en vers. *Paris, Delaforest, 1825.* — Le Retour à l'Empire, ou la France régénérée. *Paris, 1857,* notes manuscr. de l'auteur. — La France et l'Europe sauvées. *Paris, 1858,* 2 ex. — L'Epoque morale et littéraire, poème satirique. *Paris, 1859.*

137. TRENEUIL. Les Tombeaux de l'Abbaye Royale de St Denis (poème). *Paris,* 1806. — L'Orpheline du Temple, élégie. *Paris, Didot,* 1814. — Le martyre de Louis XVI et la captivité de Pie VI, poèmes élégiaques. *Paris, Didot,* 1815. — Les Délateurs, ou trois années du xixe siècle par E. Dupaty. *Paris, Didot,* 1819. — Suite de la Panhypocrisiade, ou le spectacle infernal du xixe siècle par Nepomucène Lemercier. *Paris, Doyen,* 1832. — Ens. 5 vol. in-8, br.

138. PAMPHLETS et pièces satiriques en vers, relatifs aux personnages et aux événements politiques de la Restauration. *Paris, 1825-1831,* 18 plaq. in-8, br.

> Barthélemy et Méry : La Villeliade. — La Corbiereide. — La Peyronneide. — Le procés du fils de l'Homme. — 1830, satire politique. — L'Insurrection. — La Casimiriade, par Emile Crozat. — Peyronnet devant Dieu. — Epitre à M. de Villèle, etc.

c. *Fables. Contes et Idylles.*

139. FABLES de La Fontaine. *Paris, imprimerie de Pierre Didot,* 1802, 2 vol. in-fol. Portrait d'après Rigaud, lithog. par Belliard et 12 vignettes dess. par Percier, grav. par Duparc, Massard, Devilliers, cart., non rogn.

> Ce beau livre a été tiré à 250 exemplaires. (Numéro 19.)

140. LA MOTTE (De). Fables nouvelles, dédiées au Roy, avec un discours sur la Fable. *Paris, Grégoire Dupuis* 1719, in-12, veau granit., dos orné, tr. roug. (*Rel. anc.*).

> Portrait ajouté.

141. FABLES et Œuvres diverses de M. l'Abbé Aubert. Nouvelle édition contenant entr'autres le Poëme de Psiché, avec des augmentations considérables, et le discours de l'auteur pour l'ouverture de ses leçons au collège Royal. *Paris, Moutard,* 1774, 2 vol., front., br. — Richardet, poëme (traduit en vers français de l'italien de Carteromaco, par Duperrier-Dumouriez). *La Haye et Paris, Lacombe,* 1766, 2 vol. veau granit., filets, dos ornés (*Rel. anc.*). — Ens. 4 vol. in-8, br. et rel.

> Le premier ouvrage est orné de 2 frontispices, par Cochin, gr. par St-Aubin et Tilliard.

142. VARIÉTÉS sérieuses et amusantes (par Sablier). *Amsterdam et*

Paris, Musier, 1765, 4 parties en 2 vol. — Contes et autres poésies suivis de quelques mots de Piron mis en vers par Jean-François Guichard. — Fables et autres poésies, suivies de quelques morceaux de prose, par J.-F. Guichard. *Paris, Suret*, 1802, 2 ouvrages en 1 vol. — Ens. 3 vol. in-12, veau rac. et demi-rel. (*Rel. anc.*).

> Le titre de la seconde partie du tome Ier des *Variétés* manque.
> Ex-libris Viollet-Le -Duc au vol. de Piron.

143. Bijoux des Neuf Sœurs (Les), avec de jolies gravures. *Paris, Defer de Maisonneuve*, 1790, 2 vol. in-12, cart., non rogn.

> Recueil de poésies de Piron, Piis, Chaulieu, Voltaire, etc., illustré de 2 frontispices et 4 figures par Le Barbier, gr. par Gaucher.
> Bel exemplaire à toute marges avec les figures avant la lettre.

144. Idylles et Contes champêtres, par J.-B. Leclerc. *Paris, Jansen*, an 6e (1798), 2 parties en 1 vol., front. et 4 fig. par Monnet, gr. par Copia et 12 ff. de musique gr., br. — Fables, par A.-V. Arnault. *Paris, Chaumerot*, 1812, front. par Boilly, se dépliant, br. — Esprit de l'Almanach des Muses, depuis sa création jusqu'à ce jour. *Paris, Chaumerot*, 1813, 2 vol., veau rac., dos ornés (*Rel. anc.*). — Ens. 4 vol. in-12, rel. et br.

> Le dernier ouvrage est imprimé sur papier vélin.

145. Contes théologiques et Poésies érotico-philosophiques ou recueil presque édifiant (publ. par de Pommereul). *Paris*, 1783, rel. — De Moustier. Le siège de Cythère. *Paris*, 1790. 1re partie — Les Jeux de mains, poème, par de Rulhière. *Paris, Desenne*, 1808. — Œuvres de Malfilatre. *Paris*, 1825, portr., demi-rel. — Ens. 4 vol. in-8, 2 br., 2 rel.

> L'ouvrage de Rulhière contient un supplément de 16 pages qui n'est pas dans tous les exemplaires.

146. Denon (Vivant). Point de Lendemain, conte. *Strasbourg*, 1861, pet. in-8, br., couv. imp.

> Edition publiée par les soins de M. Charles Mehl et tirée à 80 exemplaires.

d. *Poésies gaillardes ou burlesques.*

147. Cabinet satyrique (Le) ou Recueil de vers piquants et gaillards tirés des cabinets des Sieurs de Sigognes, Régnier, Motin, Berthelot, Maynard et autres des plus signalez poëtes. *Au Mont Parnasse (Hollande), de l'Impr. de messire Apollon, l'année satyrique* (vers 1700), 2 vol. in-12, veau fauve, filets et dent. à froid, dos ornés, dent. intér. tr. dorées (*Thouvenin*).

148. Jacques (Jacques). Le Faut-Mourir et les excuses inutiles qu'on apporte à cette nécessité, le tout en vers burlesques. *A Bourdeaux*,

par Mongiron Millanges, 1669, 2 parties en 1 vol. in-12, veau rac., dos orné, tr. rouge (*Rel. anc.*).

Poème en vers burlesques sur le même sujet que La Danse macabre.
Vignettes de la Danse des morts, collées sur le f. de garde.
Exemplaire court de marges, lég. mouillures.

149. — BIBLIOTHÈQUE des amans, odes érotiques par M. Sylvain M... (Maréchal). *A Gnide, Paris, Veuve Duchesne, s. d.*, front. — Bergeries par M. Maréchal. *Paris, Gauguery*, 1770. Le Temple de l'Hymen, dédié à l'amour. *Genève et Paris, Roset*, 1771. Prix provincial. du jeu de l'arquebuse, indiqué et représenté à Montereau-Faut-Yonne. *Paris, Hérissant*, 1773, 3 ouvrages en 1 vol. — Ens. 2 vol. in-12. demi-rel.

Mouillures au derniers ff. du premier vol.

150. POÉSIES gaillardes. 7 vol. ou plaq. in-8, demi-rel. et br.

L'Olimpe en bel humeur (par Coquelet de Chaussepierre). *Se trouve chez les gens du bon ton*, titre et 18 ff. entièrement gravés. — L'Apothéose de Grégoire, poème héroï-tragicomique en deux chants (par Coulanges). *Paris, Cailleau*, 1758, front. par Eisen, gr. par Aliamet. — Les quarts-d'heures d'un joyeux solitaire ou contes de M. (par Félix Nogaret ou Sabatier de Castres). *La Haye*, 1766. — Le Waux-Hall populaire ou les fêtes de la Guinguette, poème grivois et poissardi-lyri-comique en cinq chants. *A la Gaîté, chez le Compère La Joie*, titre et front. et 12 ff. d'ariettes, gr. — Mon serre-tête ou les après-soupers d'un petit commis (par Mercier de Compiègne). *A Frivolipolis*, 1788. — Urluberlu, ou le célibataire, poème comique et moral d'un genre nouveau, par M. Beffroy de Reigny. *Bouillon*, 1784. — Recueil de de (sic) poésies de M. Sedaine. *Londres et Paris, Pissot*, 1780.

151. LE PAQUET de mouchoirs, monologue en vaudevilles et en prose, dédié au beau sexe et enrichi de 103 notes très curieuses dont on a jugé à propos de laisser 99 en blanc pour la commodité du lecteur et la propreté des marges. *A Calceopolis, chez Pancrace Bisaigue*, 1750, pet. in-8, 4 ff. de musique gr. — Le déjeuné de La Rapée, ou discours des Halles et des Ports. Cinquième édition revue et augmentée des Etrennes aux Riboteurs et des Chansons (par Lécluse). *A la Grenouillère et Paris, Veuve Duchesne, s. d.* — Ens. 1 vol. et 1 plaq. in-8 et in-12, br.

Facéties rares. La première est attribuée à Vadé et au Duc de Valentinois.

152. POÉSIES burlesques. 1 vol. et 5 plaq. in-8, br.

Les farceurs de l'ancien régime. OEuvres choisies de Vadé. *Paris*, 1834, 8 fig. gr. au trait, couv. gr. — L'Art d'être heureux, ou l'origine de la gale, par M. N. C. *Paris*, 1817, front. — Les pierres tombant de la lune. *Paris, Boulard*, s. d. — Les calicots. par M. M... N. *Paris*, 1817. — L'art de se moucher, poème par L. Grellier. *Paris*, 1805 (2 exempl.)

F. — CHANSONS

153. ROMANCERO FRANÇOIS. Histoire de quelques anciens trouvères et choix de leurs chansons. Le tout nouvellement recueilli par M. Paulin Paris. *Paris, Téchener*, 1883, gr. in-12, demi-rel. dos et coins de mar. orange, non rog. (*Thompson*).

Choix des plus belles poésies des trouvères : Audefroy-le-Bastard, Quènes de Béthune, Guillaume de Chartres, Charles d'Anjou, Auboins de Sézanne. Jean de Brienne, Pierre de Dreux, Hugues de La Ferté.
Exemplaire imprimé sur papier de Hollande.

154. CHANTS et Chansons. *Paris, Aubry, Gosselin, Lavigne,* etc., 4 vol. et 1 plaq. in-12, cart. et br.

Chants historiques et populaires du temps de Charles VII et de Louis XI, publiés par Le Roux de Lincy. — Recueil de chants historiques français depuis le xii° jusqu'au xviii° siècle, notice et introduction par Le Roux de Lincy. Deuxième série, xv.° siècle. — La fleur des chansons. Les grans chansons nouvelles qui sont en nombre cent et dix. S. l. n. d. (*Paris, Téchener*, 1833). — Sensuyvent dix-sept belles chansons nouvelles (réimpr. publiée par A. Percheron). — Les Noëls Bourguignons de Bernard de La Monnoye, publiés pour la première fois avec une traduction littérale en regard du texte patois et précédés d'une notice par F. Fertiault.

155. ETRENNES Tourquennoises (et Lilloises) ou Recueil de Chansons facétieuses et plaisantes sur les Tourquennois par feu F. de Cottignies dit Brule-maison. *Tourcoing, Vanackere, s. d.,* 10 recueils en 2 vol. in-32, 10 figures. musique, cart.

156. CHANTS et Chansons populaires de la France. Notices par M. du Mersan. *Paris, Delloye, lib. de Garnier frères,* 1843, 3 vol. gr. in-8, fig., demi-rel. mar. violet, tr. jasp.

Premier tirage des belles illustrations de Daubigny, Grandville, Meissonier, etc. Quelques rousseurs.

157. CHANTS et Chansons populaires de la France. *Paris, Delloye, Imp. de F. Locquin,* 1843, 41 livraisons dans leurs couvertures ill.. contenues dans un cart. recouvert de la couv. et du dos du 1er vol.

Premier tirage des jolies illustrations de Daubigny, Grandville, Meissonier, etc. Les 41 livraisons sont les suivantes dont nous n'indiquons que les numéros. On trouvera dans le *Vicaire*, t. II, col. 235, le détail des chansons contenues dans chacune d'elles. Numéros 1, 2, 3, 5, 7, 12, 15, 17, 18, 20, 21, 22, 23, 24, 25, 26, 28 30, 39, 40, 42, 43 et 44, 51, 52, 56, 58, 61, 63, 64, 65, 69, 70, 72, 73, 74, 75, 78, 80, 82, 83. La Marseillaise, 1er tirage. *Garnier,* 1848.
Parmi les couvertures, 23 n'indiquent pas, au verso, de livraisons postérieures à celles qu'elles renferment.

158. CHANSONS nationales et populaires de France, accompagnées de notes historiques et littéraires par Dumersan et Noël Ségur. *Paris, De Gonet, s. d.* (1851), 2 vol. gr. in-8, 48 planches gr. d'après Gavarni, Traviès, Karl Girardet, etc., br., couv. imp. — Chansons nationales et populaires de France, enrichies d'une histoire de la chanson par Du Mersan. *Paris, De Gonet,* 1847, in-18, br. — Chansons complètes de Émile Debraux. *Paris,* 1836, 3 vol. in-18, por., demi-reliure. — Ens. 6 vol. gr. in-8 et in-18, demi-rel. et br.

159. CINQUANTE chants Français, paroles de différens auteurs, mises en musique avec accompagnement de piano, par Rouget de Lisle. *S. l. n. d.* (Paris, 1825), in-4, titre orné d'une lithographie et 209 pp. de musique gr., demi-rel. veau rouge, tr. jasp.

160. CHANSONS historiques et politiques de l'époque de la Révolution Française 1789 à 1799. — 412 pièces in-8 ou in-12, remargées in-8, en 3 vol., br. factice.

Recueil ainsi composé : Tome 1er, chansons diverses, depuis les Etats Généraux jusqu'à la chute de Louis XVI, 74 p. dont 5 manuscrites, 14 figures ajoutées. Louis XVI et Marie-Antoinette, 42 p. dont 1 manusc., 12 fig. ajoutées. Sur le clergé, 25 p., dont 2 manuscrites, 7 fig. ajoutées. Triomphe et mort de Marat, événements divers, 26 p., dont

1 manuscrite, 1 fig. ajoutée. — Tome II. Hymnes et chansons relatifs à la Fête de l'Etre suprême, à la chute de Robespierre et à la réaction thermidorienne, 26 p., 6 fig. ajoutées. Evénements divers depuis thermidor jusqu'au retour de la campagne d'Italie, 118 p., 5 fig. ajoutées. — Tome III, supplément, 100 pièces diverses, 1 fig. d'après Marillier, ajoutée. Ensemble 412 pièces et 46 figures de Janinet, Raffet, etc., ajoutées.

161. CHANSONS nationales populaires. Révolution Française. 146 pièces en feuilles.

Magasin de musique, à l'usage des Fêtes Nationales, section de Brutus. 6 pièces. — La nouvelle montagne en vaudevilles, par A. Martainville. Chansons républicaines diverses. *Paris, chez Frère,* 124 p. — Contre danses révolutionnaires. 15 p.

162. CHANSONS nationales et politiques 1830-1834, 20 pièces en 1 vol. in-8, cart. papier. — Chansons populaires, 1830-1834, 125 pièces en feuilles. — Ens. 145 pièces.

163. CHANSONNIER des Gardes Nationaux. Recueil de poésies, cantates et couplets, avec la musique; suivi des notices biographiques de Louis-Philippe Ier, roi des Français et du général Lafayette. *Paris, chez Duverger,* 1831, in-8, fig., br., couv. imp.

Rare et curieux volume imprimé sur papier bleu, blanc et rouge, titre en or et en noir. Les chansons qu'il contient sont de Rougé de Lille (sic), Duvert, Delavigne, Jamet, Et. Arago, Dupaty, etc., elles sont accompagnées de leur musique notée. Cet amusant recueil est illustré de 6 lithographies coloriées.

---

164. CHANSONS du Chatelain de Coucy, revues sur tous les manuscrits, par Francisque Michel; suivies de l'ancienne musique mise en notation moderne, avec accompagnement de piano, par M. Perne. *Paris, Imp. de Crapelet,* 1830, gr. in-8, vign., cart., non rogn.

Edition tirée à 120 exemplaires num. sur papier vélin. Elle est précédée de la chronique du chatelain de Couci et de la Dame de Faïel, par Fauchet, et de nomb. notes et éclaircissements, elle est terminée par des chansons de divers auteurs, parmi lesquelles la Romance de Gabrielle de Vergi, du duc de La Vallière, et 40 pp. de musique gr.

165. RECUEIL de Romances (par de Lusse). S. l., 1774, 2 tomes en 3 vol. in-8, br., musique notée. — Etrennes lyriques anacreontiques, pour l'année 1782. — Même ouvrage. 1788. — Le Chansonnier comique, contenant toutes les chansons et chansonnettes tirées de La Fontaine ainsi que toutes les chansonnettes chantées par Levassor. *Bruxelles, chez Josse Sacré, s. d.,* in-32. — Ens. 6 vol. br., couv. muettes.

Le titre des Etrennes lyriques, pour 1782 a été appliqué contre la couv. Celui du même ouvrage, 1788, manque.

166. LE POT-POURRI de Ville-d'Avray (par Jean Nic. Moreau). *A Paris, de l'Imp. de Monsieur,* 1781, in-18, demi-rel. veau fauve, dos ornés, non rogn.

Recueil de chansons et de pièces fugitives de Jean-Nicolas Moreau, historiographe et conseiller intime de *Monsieur (Louis XVIII).* Imprimé à petit nombre pour les amis de l'auteur et non mis dans le commerce.

167. CANTIQUES et Pots-Pourris. *Londres (Paris),* 1789, 2 parties en 1 vol. in-18, fig., cart., non rogn.

1 frontispice et 6 figures par Borel gr. par Elluin, non sign.

Ce recueil contient : Judith et Holopherne, La chasteté de Suzanne, David et Bethzabée,
La chasteté de Joseph, La Pucelle d'Orléans, Agnès Sorel.
Contrefaçon parue sous la même date que l'édition originale.

168. DESPRÉAUX (Jean-Etienne). Mes Passe-Temps. Chansons suivies
de l'Art de la Danse, poëme en quatre chants calqué sur l'Art poétique de Boileau-Despréaux, ornés de gravures d'après les dessins
de Moreau le jeune. *Paris, chez l'auteur,* 1806, 2 vol. in-8, fig., cart.
papier, non rogn.

1 frontispice gr. par Trière, 2 figures par Moreau, gr. par Simonet et Trière, 3 vign.
par Marais et Moreau, gr. par Lacour et Simonet et 24 ff. de musique gr.
Exemplaire sur papier vélin avec les figures avant la lettre.

169. DÉSAUGIERS. Chansons et poésies par M. A. Désaugiers. Sixième
édition considérablement augmentée. *Paris, Ladvocat,* 1827, 4 vol.
in-12, portrait par Devéria, 2 fig. gr. par Tourcaty, fac-similé et
nomb. vign. dans le texte, veau rouge, filet doré et compartiments de
filets à froid, angles ornés de rinceaux de feuillages à froid, dos
ornés, dent. intér., tr. dorées (*Thouvenin*).

Bel exemplaire sur papier vélin auquel on a ajouté une lettre autographe signée de
Désaugiers, adressée à M. de Pixérécourt, et la copie manuscrite de la chanson.
Cadet Buteux à l'enterrement de Mlle Raucourt, qui ne figure pas dans l'édition.

170. SOUPERS de Momus (Les). Recueil de Chansons et de poésies fugitives, avec musique et accompagnemens de guitare, par MM. Carulli
et A. Lhoyer. *Paris, Barba, Eymery, Bechet et Bouquin de La Souche,*
14 vol. in-12, demi-rel. veau fauve, dos ornés, tr. marb. (*Rel. de l'ép.*).

Recueil de chansons par Armand Gouffé, Béranger, Desbordes Valmore, Desaugiers,
Dumersan, Saintine, etc. Toutes ces pièces sont ici en édition originale.
Chaque vol. est illustré d'un frontispice et d'un titre gr. avec vign., sauf le tome Ier
dont le titre est imprimé.
Collection complète, rare.

171. BÉRANGER (P.-J. de). Chansons de M. P.-J. de Béranger, tome II.
Paris, chez les Marchands de nouveautés, 1821. — Procès fait aux chansons de P.-J. de Béranger. *Paris, chez les marchands de nouveautés*
1821. — Chansons nouvelles. *Paris, chez les marchands de nouveautés,*
1825. — Chansons nouvelles, complément de toutes les éditions. *Paris,*
Perrotin, 1848, plaq. in-8, portrait. — Ens. 3 vol. in-12, br., couv. fact.
et 1 plaq. in-8, br.

Les trois premiers volumes sont en édition originale.

172. ROMANCERO général, ou Recueil des chants populaires de l'Espagne. Romances historiques, chevaleresques et moresques. Traduction complète avec une introduction et des notes par M. Damas
Hinard. *Paris, Charpentier,* 1844, 2 vol. in-12, br.

2. — POÈTES ÉTRANGERS

173. Tasse (Le). La Jérusalem Délivrée, poème du Tasse. Nouvelle traduction (par Lebrun). *Paris, Musier fils*, 1774, 2 vol. in-8, fig., veau fauve, filets, dos ornés, tr roug. (*Rel. anc.*).

> 2 titres avec fleurons gr. par Drouet, 2 frontispices, 20 figures, 20 vignettes et 28 culs-(de-lampe par Gravelot, gr. par Le Roy, Simonet, Baquoy, etc.

174. Arioste. Roland Furieux, poème héroïque, traduction nouvelle par M. D'Ussieux. *A Paris, chez Brunet*, 1775-1783, 4 vol. in-8, maroquin vert, filets, dos ornés, dent. inter., doublures et gardes de tabis rose, tr. dorées (*Bisiaux*).

> 1 portrait par Eisen, gr. par Ficquet et 92 figures par Cochin, Eisen, Greuze, Monnet, Moreau, Cipriani, etc., gr. par Bartolozzi, De Launay et Ponce.
> Exemplaire avec les figures AVANT LA LETTRE. Lég. mouillures.

175. Camoens. Les Lusiades, ou les Portugais, poème de Camoens, en dix chants, traduction nouvelle avec des notes, par J.-B.-J. Millié. *Paris, Didot*, 1825, 2 vol. in-8, demi-rel. veau fauve, dos ornés à froid et dorés, tr. marb. (*Rel. romantique*).

176. Thompson. Les Saisons, poëme traduit de l'auglois de Thompson. *Paris, Pissot*, 1779, in-8, fig., veau granit, filets, dos orné, tr. jasp. (*Rel. anc.*).

> 1 frontispice, 4 figures et 4 culs-de-lampe par Eisen, gr. par Baquoy.

177. Paysages historiques et illustrations de l'Ecosse et des Romans de Walter Scott. d'après les dessins de J.-M.-W. Turner; scènes comiques par George Cruikshank, descriptions par le Révérend. Wright. *Londres et Paris, Fisher, s. d.*, 2 vol. in-4, fig., demi-rel. mar. grenat à long grain, plats toile, fers spéciaux, dos ornés, tr. dorées.

> 107 planches gr., dont 19 par Cruikshank.

3. — POÉSIE DRAMATIQUE

I. — POÈTES DRAMATIQUES FRANÇAIS

178. Ouvrages relatifs au Théâtre. 4 vol. et 3 plaq. in-12, déreliés.

> Lettre d'un docteur de Sorbonne à une personne de qualité sur le sujet de la comédie (par Jean Gerbais). *Paris, Mazuel*, 1694. — Sentimens de l'Eglise et des SS. Pères pour servir de décision sur la comédie et les comédiens (par Pierre Coustel). *Paris, Coignard* 1694. — Mandement donné par Monsieur l'évêque d'Arras (Guy de Rochechouart) dans son Diocèse contre la Comédie. *Paris, Ballard*, 1696. — Réfutation d'un écrit favorisant la comédie, imprimé au commencement des pièces de Théâtre du Sieur Boursaut. *S. l. n. d.* (1694) (Le titre manque). — De l'origine de la comédie, tragédie, et

tragi-comédie. *Paris, Grou.* 1703. — Essai de comparaison entre la déclamation et la poésie dramatique par M. L.... (Lévesque de La Ravaillière). *Paris, Pissot,* 1729. — Considérations sur la tragédie en général. *Paris, Delatour,* 1730.

179. BERRIAT-SAINT-PRIX. Remarques sur les anciens jeux des mystères, faites à l'occasion de deux délibérations inédites prises par le Conseil de ville de Grenoble, en 1535, relativement à l'un de ces jeux. *Paris, Imp. de Smith,* 1823, in-8, demi-rel. veau brun.

180. HISTOIRE de Mademoiselle Cronel, dite Frétillon, actrice de la Comédie de Rouen, écrite par elle-même. *Londres (Paris, Cazin),* 1782, 2 vol. in-18, cart., non rogn.

> Cet ouvrage qui retrace les aventures scandaleuses de Mlle Clairon est attribué à Gaillard de la Bataille ou à Caylus. Portrait d'après Cochin ajouté.

181. THÉATRE Français au moyen âge publié d'après les manuscrits de la Bibliothèque du roi, par MM. Monmerqué et Francisque Michel (XI-XIVe siècles). *Paris, Desrez,* 1839, in-4 à 2 colonnes, demi-rel. chag. vert, dos orné, tr. marb.

> De la Collection du *Panthéon littéraire.*

182. LE VOL PLUS HAUT, ou l'Espion des principaux théâtres de la capitale contenant une histoire abrégée des acteurs, actrices, etc. (par Dumont). *Memphis, Sincère,* 1784. — Le chroniqueur désœuvré, ou l'Espion du Boulevard du Temple (par le même). *Londres,* 1782-1783, 2 vol., 2 ouvrages en 1 vol. demi-rel. — Histoire des petits théâtres de Paris depuis leur origine, par Brazier. *Paris, Allardin,* 1838, 2 vol. — Histoire de la vie et des ouvrages de Molière, par M. J. Taschereau. *Paris, Hetzel,* 1844. — Confidences de Mlle Mars, recueillies par Mme Roger de Beauvoir. *Paris, Lib. nouvelle,* 1855. — Ens. 5 vol. in-8, et in-12, demi-rel. et br.

> On a ajouté à la Vie de Molière par Taschereau, 40 portraits gravés.

183. PARIS (Louis). Toiles peintes et tapisseries de la ville de Reims. Planches dessinées et gravées par C. Leberthais. *Paris, Brulart,* 1843, in-fol., 32 pl., cart.

> Atlas seul.

184. MYSTÈRE de Saint Crespin et saint Crespinien, publié pour la première fois, d'après un manuscrit conservé aux archives du Royaume par L. Dessalles et P. Chabaille. *Paris, Silvestre,* 1836, in-8, front. et fac-simile, demi-rel. veau brun, dos orné, tr. jasp.

> Mystère du XIVe siècle, en quatre journées, dont les trois dernières seules sont parvenues jusqu'à nous. Au lieu d'être joué par les Confrères de la Passion, comme la plupart des Mystères, il était représenté par la Confrérie des Cordonniers.

185. LE MISTÈRE de la saincte hostie nouvellement imprimé à Paris. — Moralité nouvelle du mauvais Riche et du Ladre. A douze personnages. — Le traicte des deux amants. C'est assavoir Guisgard et la belle Sigismonde. — Ens. 3 plaq. pet. in-8, br.

> Réimpressions publiées par Pontier à Aix, tirées à 67 exemplaires. Un des 40 sur papier vergé.

186. Le Mirouer et exemple moralle des enfans ingratz pour lesquelz les peres et meres se destruisent pour les augmenter qui en la fin les descongnoissent. *S. l. n. d.*, pet. in-8, fig , veau rouge, dos orné, tête jasp., non rogn.

> Moralité du xvie siècle, à dix-huit personnages. Réimpression faite par *Pontier* à *Aix*, en 1836, d'après l'exemplaire du Duc de La Vallière. Elle est illustrée de 16 figures sur bois et tirée à 66 exemplaires. Un des 6 imprimés sur papier rose.

187. Moralité de Mundus, Caro, Demonia, en laquelle verrez les durs assautz et tentations quilz font au chevalier chrestien, etc. — Farce Nouvelle tresbonne et fort ioyeuse, des deux savetiers. *Paris. Impr. de Didot*, 1827, 2 parties en 1 vol. in-8 en hauteur, fig. sur bois, cart., non rogn.

> Réimpression en caractère gothique, publiée par les soins de M. Durand de Lançon. Cette édition faite sur un calque pris a Dresde, dans la Bibliothèque royale, où se conserve le seul exemplaire connu de l'édition originale, a été tirée à 100 exemplaires num. dont 50 seulement dans le commerce.
> Exemplaire imprimé pour M. le Marquis de Fortia, avec son ex libris.

188. Bretog (Jean). Tragédie française, à huict personnages : traictant de l'amour d'un serviteur envers sa maîtresse, et de tout ce qui en advint. Composée par M. Jean Bretog de Dyne. *A Lyon, par Noel Grandon*, 1571 (*Chartres, Garnier*, 1831), pet. in-8, demi-rel. veau fauve, non rogn.

> Réimpression publiée par les soins de M. Grattet Duplessis. On y trouve, outre la *Tragédie Française* de Jean Bretog, *La Déploration faicte par Republicque pour la mort du catholique Roy Henry Dengleterre* (Henri VII), du même auteur.
> Tiré à 60 exemplaires, dont 6 sur papier de couleur.
> Exemplaire imprimé sur papier vélin rose.

189. Garnier (Robert). Les Tragédies de Robert Garnier, conseiller du Roy. Au Roy de France et de Polongne. *A Lyon, pour Paul Frellon et A. Cloquemin*, 1592, in-12, veau granit., dos orné, tr. rouge (*Rel. anc.*).

> Lég. mouillures.

190. Montluc (Ad. de). La Comédie des Proverbes, pièce comique (par Adrien de Montluc, comte de Cramail). Cinquième édition. *Troyes et Paris, Veuve Oudot*, 1715, in-12, veau fauve, filets, dos orné, dent. intér., tr. dorées (*Thouvenin*).

> Au chiffre de Adolphe Audenet.

191. Montluc (Ad. de). La Comédie des Proverbes, pièce comique (par Adrien de Montluc, comte de Cramail). Cinquième édition. *Troyes et Paris, Veuve Oudot*, 1715, in-12, demi-rel.

> Lég. mouill. Quelques ff. courts de marges.

192. La Coiffeuse à la mode, comédie (par Le Metel d'Ouville). *A Paris, chez Toussaint Quinet*, 1649, in-12, br.

193. L'Intrigue des filous, comédie (par Claude de l'Estoile). *Troyes, Oudot*, 1661, demi-rel. — Les Bains de la porte S. Bernard, comédie représentée sur le Théatre Italien (Par Bois-Franc). *Paris, R. Denain*, 1698, front., vélin (*Rel. anc.*). — Ens. 2 vol. in-12, rel.

> Déchirures aux angles du 1er vol.
> La seconde pièce est rare, avec le frontispice qui manque souvent.

194. Comédies des XVIIe et XVIIIe siècles. 8 vol. in-12, dont 3 rel. vélin et 5 dérel. ou br.

> L'Advocat sans étude, comédie du sieur Rosimond. *Paris, Bienfait*, 1676 (déchirure au titre). — Les Carosses d'Orléans, comédie, par le sieur D. L. C. (de La Chapelle). *Paris, Ribou*, 1681. — Les Comédiens de campagne (attribué à Le Grand). *Lyon, Séb. Roux*, 1699 (court de marges). — Les Fées (par Dancourt). *S. l. n. d.* — Le double veuvage, par M. du F. (du Fresny). *Paris, Barbin*, 1702. — Danaé, ou Jupiter Crispin, par Monsieur D. L. F. (de La Font). *Paris, Ribou*, 1707 (plusieurs ff. déchirés). — La fausse suivante, ou le fourbe puni, par Marivaux (extrait de volume). — Nisa et Bekir, par Mlle Dorcey. *Vienne*, 1771.

195. Théatre des XVIIe et XVIIIe siècles. 6 vol. et 1 plaq. in-8 et in-12, rel. et br.

> Le Misantrope, comédie en cinq actes et en vers de Molière. *Paris, Fages*, 1800. Le Philinte de Molière, ou la suite du Misanthrope, comédie en cinq actes et en vers, par P. Fabre d'Eglantine. *Paris, Prault*, 1791. L'Optimiste, ou l'homme content de tout, comédie par M. Collin d'Harleville. *Paris, Prault*, 1788. Le Pessimiste, ou l'homme mécontent de tout, comédie en un acte et en vers par M. Le Brun. *Paris, Cailleau*, 1789, 4 pièces en 1 vol. (lég. mouillures). — Les Eaux de Bourbon, comédie de M. Dancourt. *Paris, Guillain*, 1697. — La Femme docteur, ou la théologie tombée en quenouille, comédie (par le P. Bougeant). *La Haye. Demerville*, 1730. — Les Philosophes, comédie en trois actes, en vers, par M. Palissot de Montenoy. *Paris. Duchesne*, 1760, 1 fleuron par Eisen. — L'Homme dangereux, par l'auteur de la Comédie des Philosophes (Palissot). *Amsterdam*, 1770. — Amusemens de Société, ou Proverbes dramatiques (par Carmontelle), 5e à 8e parties. *Paris, Jorry*, 1769, 4 parties en 1 vol., front. gr. — Louproucez de Carmentran, comédie. *S. l. n. d.*
> Cachet de Guyton de Morveau sur le titre des Proverbes dramatiques.

196. L'Amant douillet, comédie (par Claveret?). *Paris, Pierre Bienfait*, 1666, in-12, dérelié, couv. factice.

> Pièce rare dont le style burlesque rappelle celui de Cyrano et de Scarron. D'après une mention manuscrite de l'époque qui figure sur le titre de cet exemplaire, l'auteur serait Claveret (Jean Claveret, avocat d'Orléans, auteur de *L'Esprit fort*, *L'Ecuyer ou les faux nobles*, etc.).

197. Le Jaloux invisible, comédie représentée sur le Théâtre Royal de l'Hostel de Bourgongne, par le sieur de Brécourt, comédien ordinaire du Roy. *Paris, Pepingué*, 1666, in-12, 18 pp. de musique, br.

> Edition originale.
> Lég. mouillures aux derniers ff.

198. Les Amours de Merlin, comédie représentée par les comédiens de Monseigneur, mis au téatre (sic), par le sieur de Rozidor. *Rouen, Jean Besongne*, 1691, in-12, veau fauve, filets, dos ornés, tr. roug. (*Rel. anc.*).

> Edition originale rare.
> Exemplaire provenant de la bibliothèque du Duc de La Vallière.

199. Pradon. Les œuvres de M. Pradon, divisées en deux tomes. Nouvelle édition corrigée et augmentée. *Paris, par la Cie des Libraires associés*, 1744, 2 vol. in-12, veau rac., dos ornés, tr. roug. (*Rel. anc.*).

200. RACINE (Jean). Théâtre complet, orné de cinquante-sept gravures
d'après les compositions de Girodet, Gérard, Chaudet, Prud'hon,
Taunay et autres. *Paris, Impr. de Didot*, 1816, 3 vol. in-8, fig., cart.
papier, non rogn.

> 57 figures par Prud'hon, Girodet, Gérard, etc.
> Bel exemplaire à toutes marges auquel on a ajouté 3 portraits de Racine par St Aubin,
> Hopwood et non sign.

201. L'ECOLE des amans, comédie par M. Jolly, jouée pour la première
fois le 18 octobre 1718. *Paris, Ribou*, 1719, pet. in-8, vélin, tr. jasp.
(*Rel. anc.*).

> Edition originale.

202. BOISSY (De). OEuvres de Théâtre de M. de Boissy, de l'Académie
françoise. Nouvelle édition corrigée et augmentée. *Paris, Duchesne*,
1766, 9 vol. in-8, portrait par Cochin, veau fauve, filets, dos ornés,
dent. int., tr. dorées (*Rel. anc.*).

203. DORAT. Théagène, tragédie en cinq actes. *Paris, Séb. Jorry*, 1766,
1 fig. par Eisen, gr. par. de Ghendt — Roséïde ou l'Intrigant, comédie en cinq actes et en vers. *Paris, Monory*, 1780. — Régulus, tragédie, et La feinte par amour, comédie en trois actes. *Paris, Delalain*,
1782, front. dess. et gr. par Marillier. — Ens. 3 vol. in-8, dont 1 dérelié
et 2 br.

204. DORAT. Les Deux Reines, drame héroïque en cinq actes et en
prose, suivi de Sylvie et Moleshoff, imitation libre de l'anglois. *Paris, Séb. Jorry*, 1770. 1 fig. par L. Parizeau. — Adelaïde de Hongrie,
tragédie en cinq actes et en vers. *Paris, Monory*, 1774. — Ens. 2 vol.
in-8, br.

> Le premier ouvrage est sur grand papier de Hollande.

205. DORAT. Le Célibataire, comédie en cinq actes et en vers. *Paris,
Delalain*. 1776, gr. in-8, beau frontispice par Marillier, gr. par De
Launay, br.

> Bel exemplaire broché dans sa couverture originale en couleurs.

206. DORAT. Le Chevalier français à Londres, comédie en trois actes
et en vers. *Paris, Delalain*, 1779. — Pierre le Grand, tragédie en cinq
actes. *Paris, Monory*, 1779. — Ens. 2 vol. in-8, br., couv. originales.

> Editions originales. Beaux exemplaires.

207. LA JEUNE INDIENNE, comédie en un acte et en vers, par M. de
Chamfort. *Paris, Cailleau*, 1764, in-8, br. — Chef-d'œuvres (sic) de
Brueys. *Paris*, 1786, port. — Les effets du dépit, comédie en un acte,
en prose, par de Beauchamps. — Léandre et Isabelle ou le presqu'Abei-
lard, comédie-parade. *Paris*, an VII, front. non sign. — Mutius ou
Rome libre, tragédie en cinq actes, en vers, par Simon, D. T. (de

Troyes). *Paris*, an X. — Ens. 1 plaq. in-8, et 4 vol. in-12, dont 1 rel. et
4 br.

Édition originale de *La jeune Indienne*. Le titre des *Effets du dépit* manque.

208. **Les Noces** d'un fils de roi, ou le gouverneur, drame (par Fontaine-
Malherbe). *Paris, Le Jay*, 1770. — Le Bureau d'esprit, comédie en
cinq actes et en prose (satire contre le salon de Mme Geoffrin par
Rutlige et Séb. Mercier). *Liège, Boubers*, 1777. — Les Comédiens ou
le Foyer, comédie en un acte, par M*** (Séb. Mercier). *Londres*, 1777,
clé manuscrite des noms ajoutée. — La Colère de Xantippe, ou l'édit.
des deux femmes, poème dramatique, par M*** (l'abbé Parmentier),
secrétaire de Monsieur frère du roi. *Athènes et Paris, Valleyre*, 1784
(taches aux premiers ff.). — Le Club des Dames, ou le retour de
Descartes, comédie en un acte, en prose. *Paris*, 1784. — Ens. 5 pièces
in-8, br.

209. **Les Coeffeurs** de Dames, contre ceux des Messieurs. *Paris, 1769.*
— Le Coiffeur et le Perruquier, vaudeville en un acte, par MM.
Scribe, Mazères et Saint-Laurent. *Paris, Pollet*, 1824. — Le Perruquier et le Coiffeur, comédie en un acte, mêlée de couplets, par MM.
Dartois, Dupin, et T. Sauvage. *Paris, Duvernois*, 1824, 3 pièces en
1 vol. — Les Panaches, ou les coeffures à la mode, comédie en un
acte, précédée de recherches sur la Coiffure des femmes de l'antiquité, et suivie d'un projet d'établissement d'une académie de modes
(par J. H. Marchand). *Londres et Paris, Desnos*, 1778. — Les Perruques,
poème héroï-comique-historique en quatre chants, par M***. *Paris,
Dentu*, 1816. — Ens. 3 vol. in-8, demi-rel. chag. rouge, dos ornés.

3 planches de coiffures à deux sujets, de la fin du xviii°, ajoutées.

210. **Théatre** de la Révolution. *Paris*, 1790-1798. Réunion de 50 pièces
en 11 vol. in-8, demi-rel. veau bleu, dos ornés, tr. jasp. (*Lebrun*).

Les Imitateurs de Charles IX, ou les Conspirateurs foudroyés (par l'abbé Gabriel
Brizard). *Paris*, 1790, b fig. non sign., rare pamphlet contre Marie-Antoinette et la
duchesse de Polignac. — Mirabeau aux Champs-Elisées, par Mme Olympe de Gouges. — L'Entrée de Dumouriez à Bruxelles, par Olympe de Gouges. — Collot d'Her-
bois, 14 pièces en 2 vol. — L'ami des loix, par le citoyen Laya. — L'Intérieur des Comi-
tés révolutionnaires, ou les Aristides modernes, par le citoyen Ducancel. — Les Dra-
gons et les Bénédictines, par Pigault-Lebrun. — Le Tolérant, ou la tolérance morale et
religieuse, par Ch. A. Demoustier. — Le Convalescent de qualité, par Fabre d'Eglantine. — Les vrais Sans-Culottes, paroles de Rezicourt, musique de Lemoine. — L'Intérieur d'un ménage républicain. — L'apothéose du jeune Barra. — Agricola-Viala, etc

211. **La Passion** de N.-S. Jésus-Christ, tragédie en trois actes et en
vaudeville, à grand spectacle, et terminée par une pluie de feu. *A
Jérusalem, de l'Imprimerie des Israélites*, an.... (*Paris*, an II ou III),
in-18, front., demi-rel. dos. et coins de mar. grenat à long grain, dos
orné, non rogn. (*Thouvenin*).

Pièce rare non citée par Barbier. Elle est précédée d'une préface intitulée : « Notes
historiques sur la Passion de Jésus-Christ, mise au théâtre depuis le xiii° siècle : Le
Bibliophile Jacob croit que cette parodie a été publiée à Paris, par le libraire Louis et
l'attribue à Sylvain Maréchal.

212. **Théatre** d'un amateur (par de la Salle Dampierre). *Paris, Veuve
Duchesne*, 1787, 2 vol. in-32. — Théâtre burlesque, choix de tragé-

.dies et Comédies facétieuses. *Paris, Foullon,* 1840, 2 vol. in-32. — Théâtre pour rire, répertoire des parodies les plus ingénieuses, des Comédies les plus bouffonnes, etc. *Paris, Gust. Sandré, s. d.,* in-12. — Ens. 5 vol., br.

213. Le Factionnaire. par J.-J. L. R. D T. (Jean-Jacques Le Roux). *Paris, Bailly,* 1790. — Charles IX, ou l'Ecole des Rois, tragédie, par Marie-Joseph de Chénier. *Paris, Bossange,* 1790. — Le Parc au Cerf, ou l'origine de l'affreux déficit (par G. L. Bourdon). *Paris,* 1790, fig. — Ens. 3 ouvrages en 1 vol. in-8, veau rac., dos orné, tr. marb. (*Rel. anc.*).

> Edition originale de *Charles IX*. La figure représentant le banquier Peixotte manque au dernier ouvrage.

214. Ducis (J.-F.). Œuvres de J.-F. Ducis, membre de l'institut, ornées du portrait de l'auteur, d'après M. Gérard et de gravures d'après MM. Girodet et Desenne. *Paris, Nepveu,* 1819, 3 vol. in-8, fig., veau vert, filet doré et dentelle à froid, dos ornés, dent. intér., tr. marb. (*Rel. de l'époque*).

> 1 portrait gr. par Ferssel, d'après Gérard et 11 figures par Girodet et Desenne, gr. par Adam, Simonet, etc., 2 pl. de musique gr. Bel exemplaire auquel on a ajouté un reçu portant 4 lignes autographes et la signature de Ducis, daté du 27 messidor an XII.

215. Recueil de pièces, pamphlets et écrits de différents genres, en prose et en vers, relatifs à la Comédie de *Conaxa* et à celle des *Deux gendres*, de Ch. G. Etienne. *Paris,* 1810-1812, 31 pièces en 2 vol. in-8, port. et fig., demi-rel. veau fauve, dos ornés, tr. jasp. (*Rel. de l'ép.*).

> Les Deux Gendres, par M. Etienne, 1811. — Cadet-Roussel beau-père, imitation burlesque des *Deux Gendres,* par M. D*** (Du Mersan), 1810. — Conaxa, ou les gendres dupés, 1812. — Mes révélations sur M. Etienne, par Lebrun-Tossa, 1812. — Petite lettre sur un grand sujet (par Granier), 1812. — Lettre d'Alexis Piron à M. Etienne (par Lambert Lallemand). — La Stéphanéide, ou Conaxa, les Deux Gendres et le Journal de Paris, par J. Bouvet, 1812. — Appel à l'impartialité (par M. Ruphy), 1812. -- Epitre à l'auteur des Deux Gendres, 1812. — Fin du procès des Deux Gendres, par H. Hoffman, 1812. — Réponse à M. Hoffman (par Lambert-Lallemand), 1812. — Bataille gagnée et perdue, tant tués que blessés, personne de mort, par M. Mordax (Lavigne), 1812. — Les gouttes d'Hoffman, par J. Bouvet, 1812. — Supplément à mes Révélations, par Lebrun-Tossa, 1812. — Conaxa et les Deux Gendres, par M. D** E** N. (Desquiron), 1812. — Histoire de Jean Conaxa, riche marchand d'Anvers, publiée en 1673 par le P. Jacques Rinald, 1812. — Lettre à M. Etienne, par un habitant de Bar-sur-Ornain (Doublat), 1812. — Critique raisonnée de la comédie intitulée les Deux Gendres, par M. D. J. (Cholet de Jetphort), 1812. Lettre d'un habitant de Versailles (par Fournier), 1812. -- Le secret de M. Lebrun-Tossa, par Henri L. (Lasalle), 1812. — Lettre de Nicolas Boileau à M. Etienne (par Lefèvre), 1812. — Vives escarmouches avec M. Hoffman, par M. Mordax (Lavigne). — L'Etiennéide, poème épico satirique, par Ruthiger, 1812. — L'auteur des Deux Gendres pris en flagrant délit, par F. S. D. (Delpech). — Apologie de l'auteur des Deux Gendres. — Nouveaux éclaircissements en forme de conversation sur Conaxa et les Deux Gendres (par Hoffman). — Observations sur le jeune homme qui a écrit la comédie Les Deux Gendres (par le Maitre). — Coup-d'œil impartial sur les Deux Gendres, par M. Tiepler. — Epitre sur la comédie des Deux Gendres, par L. V. R. (Louis-Victor-Raoul). — Le fauteuil de M. Etienne, par M. D. J*** (Cholet de Jetphort). Conaxa, ariette ressuscitée.
> Très curieux recueil réunissant presque tous les écrits publiés sur cette querelle littéraire qui ne dura pas moins de deux années. L'on sait que Lebrun-Tossa vendit, comme étant de lui, à Etienne des fragments que celui-ci utilisa dans *Les deux Gendres*. Plusieurs passages étaient empruntées à *Conaxa*, comédie alors inédite, composée vers 1710 par un Jésuite anonyme, et dont le manuscrit se trouvait à la Bibliothèque Impériale. Le plagiat fut bientôt découvert et donna lieu à de nombreuses polémiques. M. de Soleinne avait réuni 35 pièces sur ce singulier procès, nous en possédons 2 (Cadet-Roussel et Conaxa, ariette) restées inconnues au Bibliophile Jacob.

On a ajouté à cet exemplaire : Une lettre autogr. signée de Ch. G. Etienne ; un portrait du même, dessiné et gr. par E Tardieu, et 12 grandes planches repliées, caricatures se rapportant à l'affaire Etienne-Conaxa, gravées et coloriées, sauf une en noir.

216. Courteline (G.). Lidoire *s. d.* — La peur des coups, 1895. — Un Client sérieux, 1898. — 3 vol. in-12, br., couv.

Editions originales.

217. Brieux. Résultat des Courses. *Paris, Stock,* 1898. — Les Trois filles de M. Dupont. *Paris, Stock,* 1900. — 2 vol. in-12, br., couv.

Editions originales.

II. — OPÉRAS. OPÉRAS COMIQUES

218. L'Amour est fils du plaisir, opéra en musique en deux actes, dédié à M. le Marquis de Choiseul. *Nancy, Beaurain,* 1757. — Le Serrurier, opéra bouffon. Les paroles sont de M. Quétant. *La Haye et Genève, chez Pellet,* 1766. — Thésée, tragédie lyrique en quatre actes représentée pour la première fois le 11 janvier 1675, remis en musique par M. Gossec et au Théâtre le 26 février 1782. *Paris, De Lormel,* 1782. — L'Amour prisonnier, opéra ballet composé pour l'heureuse naissance du Duc de Normandie (par M. A. Mancini). *Paris,* 1785. — Ens. 4 plaq. in-4, in-8 et in-12, br.

La première pièce contient le texte italien et la traduction française en regard. Déchirures à plusieurs ff.

219. Favart (C.-S.). Théâtre choisi de Favart. *Paris, Vanraest,* 1809, 3 vol., port. — Mémoires et correspondance littéraires, dramatiques et anecdotiques de C. S. Favart, publiés par A. P. C. Favart, son petit-fils ; et précédés d'une notice historique par H. F. Dumolard. *Paris, Léopold Collin,* 1808, 3 vol. — Ens. 6 vol. in-8, br., couv. factices.

III. — PIÈCES ÉCRITES APRÈS 1700
NON REPRÉSENTÉES SUR DES THÉATRES PUBLICS
PIÈCES EN PATOIS

220. L'Antiquaire, comédie en vers (par l'abbé de La Porte). *La Haye,* 1701 (pour 1751), in-12, br., non rogn.

Rare. Pièce représentée dans un collège de l'université en 1750.

221. Les Colifichets, ouvrage dédié à l'immortalité (comédie en un acte et en vers, par Barret). S. *l.,* 1751, in-12, pl. de musique, derelié, couv. factice.

222. **Pièces satiriques** relatives à la politique sous la Restauration. *Paris*, 1815-1840, 13 plaq. in-8, br.

> Le terme d'un règne, ou le règne d'un terme, pot-pourri par Désaugiers, 1815. — Les Ministres, ou les grandes marionnettes, 1821. — Les deux Candidats, par Onesime Leroy, 1821. — Histoire de Tchen-Tcheou-Li (le duc Decazes) par A. Barginet, 1822, port. — L'Eligible (par Sauvage et Mazères), 1822. — La Congrégation et la diplomatie (par A. Senty), 1826. — Une journée d'élection, par La Ville de Mirmont, 1827 (envoi d'auteur). — Dialogues vivans, par J. L. (Lefevre). — Les tribulations de M. le Préfet (par Léon de Maleville), 1828, 2 exempl. — La bataille électorale, par Félix Bodin, 1828. — Une journée d'élection, ou l'Ecole des électeurs, 1837. — La manie de la politique, par A. Bignan, 1840.

223. **Buhez Santez Nonn**, ou Vie de Sainte-Nonne et de son fils Saint Devy (David), archevêque de Menevie en 519 : Mystère composé en langue bretonne antérieurement au xiie siècle, publié d'après un manuscrit unique, avec une introduction par l'abbé Sionnet, et accompagné d'une traduction littérale de M. Legonidec. *Paris, Merlin,* 1837, in-8, fac-similé, br.

> Tiré à 300 exemplaires.

224. **Les Souspirs** de Myrtil. *A Lyon, par Jacques Roussin*, 1598, pet. in-8, maroquin vert, filets à froid, dent. intér., tr. dorées (*Bruyère*).

> Ouvrage très rare. C'est une adaptation en vers français du *Pastor Fido* de Guarini, probablement antérieure à la première traduction française de ce poème. La marque de Jacques Roussin a été découpée et remplacée par une autre.

4. — FICTIONS EN PROSE

I. — APOLOGUES. FABLES

225. **Lucien** en belle humeur, ou Nouvelles conversations des morts (par Bruslé de Montpleinchamp). Nouvelle édition augmentée et corrigée. *Amsterdam, Ant. Michiels*, 1701, 2 vol. pet. in-12, veau marb., filets, dos ornés, tr. marb. (*Rel. anc.*).

226. **Alphonse** (Pierre). Le Castoiement, ou Instruction du Père à son fils, ouvrage moral en vers, composé dans le treizième siècle, suivi de quelques pièces historiques et morales aussi en vers et du même siècle, le tout précédé d'une dissertation sur la langue des Celtes, avec quelques nouvelles observations sur les étimologies (par Barbazan). *Lauzanne et Paris, Chaubert*, in-12, demi-rel. veau rac., dos orné (*Rel. anc.*). — Discipline de Clergie ; traduction de l'ouvrage de Pierre Alphonse. — Le chastoiement d'un père à son fils, traduction en vers français (de) l'ouvrage de Pierre Alphonse. *Paris, Imprimerie de Rignoux*, 1824, 2 vol., demi-rel. dos et coins de maroq. roug. à long grain, dos ornés à froid et dorés, ébarb. (*Rel. romantique*). — Ens. 3 vol., rel.

> Traductions du *Disciplina cléricalis* de P. Alphonse, production singulière du commencement du xiie siècle, remplie de proverbes et de contes tirés en grande partie des auteurs arabes.

Le premier ouvrage est la traduction publiée par Barbazan d'après un manuscrit du xiiiᵉ siècle appartenant à l'abbaye de St-Germain. L'éditeur, ignorant que cet ouvrage eut été traduit du latin, le donne comme une œuvre originale.

Les deux derniers volumes : *La Discipline et le Chastoiement* ont été publiés par M. Labouderie et tirés à 200 exemplaires pour la Société des Bibliophiles français. Le premier donne le texte latin, resté jusqu'alors inédit de l'ouvrage d'Alphonse, et la traduction en prose du xvᵉ siècle, attribuée à Jean Miellot, également inédite. *Le Chastoiement* est une traduction en vers du même ouvrage, composée probablement au xivᵉ siècle, elle diffère entièrement de celle donnée par Barbazan. Le volume se termine par un glossaire des mots hors d'usage.

II. — ROMANS FRANÇAIS

a. *Recueils. Romans de Chevalerie.*

227. TRAITÉ de l'origine des Romans, par M. Huet. *Paris, Marielle,* 1711. — Point de pitié pour *La Pitié,* par Jacques Delville. *Paris,* 1803. — Contes de Paul-Philippe Gudin, précédés de recherches sur l'origine des Contes. *Paris, Dabin,* 1804, 2 vol. — Les folies du siècle. Roman philosophique, par M. de Lourdoueix. Troisième éd. ornée de sept gravures. *Paris, Pillet,* 1818, fig., demi-rel., veau fauve, tr. marb. (*Bradel*). — Essai sur les Fables indiennes et sur leur introduction en Europe, par Loiseleur Deslongchamps. *Paris, Téchener,* 1838, br. — Ens. 6 vol. in-8, rel., demi-rel. et br.

228. LA BIBLIOTHÈQUE Bleue, entièrement refondue, et considérablement augmentée. *Paris, Costard,* 1776, 7 parties en 2 vol. in-8, demi-rel., veau rac., dos ornés, tr. roug. (*Rel. anc.*).

Cette collection comprend : Histoire de Pierre de Provence et de la belle Maguelonne. — Histoire de Robert-le-Diable. — Histoire de Richard sans Peur. — Histoire de Fortunatus. — Histoire des enfans de Fortunatus. — Histoire de Jean de Calais. — Histoire des quatre fils d'Aymon.

Cet exemplaire ne contient qu'une figure par Desrais, g. par Delvaux, pour *Jean de Calais.*

229. CONTES du gay Scavoir. Ballades, fabliaux et traditions du moyen âge, publiés par Ferd. Langlé, et ornés de vignettes et fleurons imités des manuscrits originaux, par Bonington et Monnier. *Imprimé par Firmin Didot pour Lami Denozan,* 1828, gr. in-8, caract. gothiques, fig., cart. et étui ill.

Édition illustrée de vignettes sur bois tirées sur papier de Chine appliqué, et de nomb. lettres ornées. Plusieurs lettres ont été coloriées.

330. L'HISTORIAL du Jongleur. Chroniques et légendes françaises publiées par MM. Ferd. Langlé et Emile Morice, ornés d'initiales, vignettes et fleurons imités des manuscrits originaux. *Paris, Firmin-Didot,* 1829, in-8, vign., cart., ébarb.

Curieux pastiche du moyen âge. Nomb. vignettes et lettres ornées. Plusieurs initiales sont coloriées.

231. LA VILLEMARQUÉ (Hersart de). Contes populaires des anciens Bretons, précédés d'un essai sur l'origine des Epopées chevaleresques de la Table Ronde. *Paris, Coquebert,* 1842, 2 vol. — La Légende celtique et la poésie des cloîtres en Irlande, en Cambrie et en Bretagne. *Paris, Didier*, 1864. — Barzaz Breiz. Chants populaires de la Bretagne. *Paris, Didier*, 1867. — Ens. 4 vol. in-8 et in-12, br.

232. La Salle (Antoine de). L'Hystoire et cronicque du petit Jehan de Saintré et de la Dame des Belles Cousines sans aultre nom nommer; ensemble les combats, les joustes et tournoys tant à pied comme à cheval où il s'est trouvé en son temps. *A Paris, imprimé par Firmin Didot*, 1830, in-8, vign., veau bleu, dos orné à froid et doré, tr. marb. (*Rel. romantique*).

Édition faite d'après celle de 1523, renfermant les observations de Gueulette et un glossaire. Elle est illustrée de vignettes dans le texte et de nombreuses lettres ornées.

233. Roman du Roi Flore et de la Belle Jeanne publié pour la première fois d'après un manuscrit de la Bibliothèque royale, par Francisque Michel. *Paris, Téchener*, 1838. — Gauthier d'Aupais. Le Chevalier à la Corbeille, fabliaux du xiiie siècle publiés pour la première fois d'après deux manuscrits, par Francisque Michel. *Paris, Silvestre*, 1825. — Roman du Meunier d'Arleux, en vers, du xiiie siècle, par Enguerrand d'Oisy, publié pour la première fois par Francisque Michel. *Paris, Silvestre*, 1833. — Ens. 2 plaq. et 1 vol. in-8, br.

Tirés à petit nombre.

234. Fénelon. Les Aventures de Télémaque. Nouvelle édition enrichie d'une notice abrégé de la vie de l'auteur, de réflexions sur Télémaque d'une carte de ses voyages, des principales variantes tirées des manuscrits et des éditions précédentes et de 72 estampes gravées d'après les dessins de Monnet et Tilliard. *Paris, Impr. Eberhart*, 1810, 2 vol. in-4, demi rel. veau, non coupé, ni rogn. (*Rel. anc.*).

235. Le Télémaque spirituel ou le roman mystique sur le roman divin (par l'abbé Faydit). *S. l.*, 1699. — Le Télémaque travesti par M. de Marivaux. *Amsterdam*, 1736, 2 vol. — L'Elève de Minerve ou Télémaque, travesti. (par J.-B. de Junquières). *Senlis*, 1759, 3 vol. — Apollon mentor, ou Le Télémaque moderne. *Londres*, 1748, 2 tomes en 1 vol, vign., manquent les front. et 2 fig. — Ens. 7 vol in-12, veau.

b. *Romans de différents genres, rangés par ordre chronologique.*

236. Romans relatifs à l'Histoire de France aux xve et xvie siècles, par Paul L. Lacroix, bibliophile. *Paris, Desrez*, 1838, in-4 à 2 colonnes, demi-rel. chag. vert, dos orné, tr. marb.

La Danse Macabre, 1438. — Les Francs Taupins, 1450. — Le Roi des Ribauds, 1514. — Les deux fous, 1525.
De la collection du *Panthéon Littéraire*.

237. Rabelais. Œuvres de Maître François Rabelais, suivies des

remarques publiées en anglois par M. Le Motteux et traduites en françois par C. D. M. (de Missy). Nouvelle édition ornée de 76 gravures. *Paris, Bastien,* an VI (1798), 3 vol. in-8, fig., veau rac., pet. dent., dos ornés, tr. jasp. (*Rel. anc.*)

76 figures, dont 1 port. et une carte, non signés.

238. Le Pays (René). Amitiez, amours et amourettes. Nouvelle édition reveuë, corrigée et augmentée de la Zeloytide, histoire galante, composée par le même autheur. *Paris, Ch de Sercy,* 1685, front. gr. — Les Œuvres nouvelles de Monsieur Le Pays. *Paris, Cl. Barbin,* 1672, 2 vol. — Ens. 3 vol. in-12, veau rac., dos ornés, tr. roug. (*Rel. anc.*).

239. Les Promenades de M. Le Noble. *Amsterdam, George Gallet,* 1705, 12 parties en 2 vol. in-12, frontispices, demi-rel.

240. Histoire de Mademoiselle Brion, ditte Comtesse de Launay. *Imprimée aux dépens de la Société des filles du bon ton, s. d.* — Lettres de La Fillon (par Coustellier). *A Cologne, chez Pierre Marteau (Paris,)* 1751, titre gr. — Gaudriole, conte. *La Haye, Isaac Beauregard,* 1746, fleuron. — Ens. 3 ouvrages en 1 vol. in-12, veau rac., filets, dos orné, tr. marb. (*Rel. anc.*).

Le premier ouvrage est entièrement gravé, exemplaire sans figures. Les deux derniers ouvrages sont en édition originale.

241. Le Sage. Les Avantures de Monsieur Robert Chevalier, dit de Beauchêne, capitaine de flibustiers dans la Nouvelle-France. Rédigées par M. Le Sage. *Paris, Etienne Ganeau,* 1732, 2 vol. in-12, fig., veau granit, dos ornés, tr. roug. (*Rel. anc.*).

Edition originale ornée de 6 figures par Bonnard, gr. par Scotin.

242. Chévrier (De). Mémoires d'une honnête femme, écrits par elle-même, et publiés par M. de Chévrier. *Amsterdam, Constapel,* 1764, 3 parties. — Histoire de la vie de H. Maubert, soi-disant chevalier de Gouvest, gazetier à Bruxelles (par Chévrier). *Londres, Libr. Associés,* 1763. — Le Grelot, ou les etc., etc., ouvrage dédié à moi. Nouvelle édition augmentée de l'Anti-Grelot et suivi de l'Ivrogne, conte tragi-comique et moral (par Paul Baret). *S. l.,* 1762, 2 parties, titre gr. — Ens. 3 ouvrages en 1 vol. in-12, veau rac., dos orné, tr. roug. (*Rel. anc.*).

243. Crébillon fils. Tanzaï et Neadarné, histoire japonoise (par Crébillon fils). *Pékin, chez l'imprimeur de l'Empereur (Paris),* 1749, 2 vol. — Contes philosophiques et moraux, par M. de La Dixmerie. *Londres et Paris, Duchesne,* 1765, 2 vol., front. — Parapilla et autres œuvres libres et galantes de M. Bordes *Paris, Impr. de Cussac,* an IV 1796). — Ens. 5 vol. in-12, veau rac., dos ornés.

244. Graffigny (Mme de). Lettres d'une Péruvienne. Traduites du français en Italien, par M. Deodati. *Paris, de l'Imprimerie de Migneret.* 1797, in-8, portrait grav. par Gaucher, 6 figures de Le Barbier, maroq.

bleu, fil., dentelle, doublé de tabis rose, dos orné, dent. intér , tr. dor. (*Bradel*).

> Aux armes de Louise Caroline de Bourbon, Duchesse de Berry. Traduction en italien avec le texte français en regard.

245. FROMAGET. Le Cousin de Mahomet (par Fromaget), avec figures. *Constantinople*, 1770, 2 vol. in-12, 5 figures, veau marb., filets, dos ornés, pet. dent. intér., tr. dorées (*Rel. anc.*).

246. VOLTAIRE. L'Homme aux quarante écus (par Voltaire) S. *l.*, 1768. — La Cour plénière, héroï-tragi-comédie, en trois actes et en prose: jouée le 14 Juillet 1788 par une Société d'Amateurs, dans un château aux environs de Versailles par M. l'abbé de Vermond. *Baville et Paris, chez la Veuve Liberté*, 1788 — Le Grand-Bailliage de Lyon; comédie en un acte et en prose par M. de Billemaz. *Lyon, impr. de l'Auteur, à l'enseigne de la Vérité*, 1788. — Voyage philosophique au Japon, ou conférences anglo-franco-bataves. *Pressure, dans les jardins de M. l'Ebahi*, 1788. — Ens. 4 ouvrages en 1 vol. in-8, veau rac., dos orné, tr. roug. (*Rel. anc.*).

> Editions originales.

247. MERCIER (L.-Séb.) L'An deux mille quatre cent quarante. Rêve s'il en fût jamais; suivi de l'Homme de fer, songe. S. *l.*, 1786, 3 vol. in-8, fig., veau rac., dos ornés, tr. roug. (*Rel. anc.*).

> 3 figures par Marillier, gr. par de Ghendt. Lég. mouillure à la fig. du tome II.

248. ROMANS et Contes de M. de Voisenon. *Londres*, 1775, 2 vol. — Les Contes en vers et en prose de feu l'abbé de Colibri, ou Le soupé, conte composé de mille et un contes (par Cailhava d'Estendoux). *Paris, Didot*, an VI, 2 vol. — Ens. 4 vol. in-8 et in-12, demi-rel. et br.

249. MERCIER DE COMPIÈGNE. Œuvres. *Paris*, 1792-1800, 19 vol. in-18, br., couv. factices.

> Les trois Nouvelles, 1792. 2 fig. par De Flotte et Desrais, et 4 ff. de musique gr. — Même ouvrage, 1795, 1 fig. par Desrais. — Les Nuits d'hiver, 1795, front. — Les Soirées d'automne et les épanchemens de l'amitié, 1796, 3 vol., 1 fig. (Lég. mouill.). — Les Matinées du printemps, 1797, 2 vol. — Henry et Madeleine, ou les amans désespérés, 1795 (1 f. prél. manque). — Eloges du pou, de la boue et de la paille, 1799. — Eloge du sein des femmes, 1800, front. — Eloge de quelque chose, suivi de l'éloge de rien, 1795. — Traicté politique composé par William Allen, anglois. *Lugduni*, 1658. (publié par Mercier. *Paris*, 1790). Le Plaisir, poème, par le Comte d'Estaing (publié par Mercier), 1796, front. et 3 fig. non sign. — L'Ecole de la Volupté, les quatre heures de la toilette des Dames et l'Asile des Grâces, poèmes pour faire suite à celui du Plaisir, 1796. — Les Serins, poème didactique par l'abbé Béraud, 1795. — Le Pain bénit, poème par Marigny, 1795. — La Calotine, ou la Tentation de Saint-Antoine, 1800 (2 exempl.).

250. L'HOPITAL des Fous (par de Wals), traduit de l'anglois (par de Flotte). *Paris, S. Jorry*, 1765, in-8, demi-rel. dos et coins de mar. brun à long grain, tr. dorées.

> 1 figure, 1 vignette et 1 cul-de-lampe par Eisen, gr. par Lafosse. Lég. rousseurs.

251. DESFORGES. Le Poète, ou Mémoires d'un homme de lettre, écrits par lui-même (Choudard-Desforges). *Hambourg, chez les principaux*

libraires, 1798, 4 vol. in-12, fig., demi-rel. dos et coins de veau brun, tr. jasp. (*Rel. anc.*).

Edition originale de cet ouvrage un peu libre, ornée de 4 figures par Chaillou, gr. par Dambrun.

252. LES BAISERS de Zizi, poème (par J. H. de Castéra). Seconde édition faite sur le véritable manuscrit de l'auteur, et suivie de diverses poésies fugitives. *Paphos et Paris, Royez*, 1786. — Péristère, ou la colère de l'amour, poème en cinq chants (par Castéra). *A Gnide et Paris, Royez,* 1787. — Ens. 2 vol. in-18, br., couv. factices.

253. CHODERLOS DE LACLOS. Les Liaisons dangereuses. Lettres recueillies dans une société et publiées pour l'instruction de quelques autres. *Londres*, 1796, 2 vol. in-8, fig., cart. papier, non rogn.

2 frontispices et 13 figures par Monnet, Mlle Gérard et Fragonard fils, gr. par Baquoy, Duplessis-Bertaux, etc.
Bel exemplaire à toutes marges auquel on a ajouté un portrait de Choderlos de Laclos, gr. par Morel d'après Carmontelle.

254. RESTIF DE LA BRETONNE. Le Pied de Fanchette, ou l'Orpheline Française, histoire intéressante et morale. *A la Haye et à Francfort, chez J. G. Eslinger*, 1769, 3 vol. in-12, cart., non rogn.

Contrefaçon parue sous la même date que l'édition originale.

255. RESTIF DE LA BRETONNE. Le Ménage parisien, ou Deliée et Sotentout. *Imprimé à la Haye*, 1773, 2 vol. in-12, cart., non rogn.

Très bel exemplaire d'un ouvrage fort rare, car il n'a jamais été réimprimé ni contrefait.

256. RESTIF DE LA BRETONNE. La Femme dans les trois états de fille, d'épouse et de mère. Histoire morale comique et véritable. *Londres et Paris*, 1773, 3 parties en 1 vol. in-12, veau rac., dos orné, tr. roug. (*Rel. anc.*).

Edition originale. La première partie datée 1774.

257. RESTIF DE LA BRETONNE. La Vie de mon Père, par l'auteur du Paysan perverti. *A Neufchâtel, et se trouve à Paris, chés la veuve Duchesne*, 1779, 2 vol. in-12, cart., non rogn.,

2 portraits-médaillons sur les titres, 2 frontispices et 12 figures non signées.
Edition originale,
Raccommodages à un f.

258. RESTIF DE LA BRETONNE. Les Contemporaines, ou Avantures des plus jolies femmes de l'âge présent recueillies par N******* et publiées par Thimothée Joly, de Lyon, dépositaire de ses manuscrits, 8 tomes en 16 vol. — Les Contemporaines du commun, ou Avantures des belles marchandes, ouvrières, etc., de l'âge présent, 3 tomes en 5 vol. *Impr. à Leipsick, par Büschel et se trouve à Paris, chés Belin (et chés la veuve Duchesne)*, 1780-1782. — Ens. 21 vol. in-12, fig., demi-rel. veau. rac., dos ornés, tr. roug. (*Rel. anc.*).

146 figures par Binet.

Première série de *Les Contemporaines*. incomplète du 9ᵉ volume, suivie des 5 premiers volumes de la 2ᵉ série : *Les Contemporaines du Commun*, dont 4 parus sous le titre de *Les Jolies femmes du commun*.
Edition originale.

259. RESTIF DE LA BRETONNE. La Prévention Nationale, action adaptée à la scène, avec deux variantes et les faits qui lui servent de base. *La Haie et Paris, chés Regnault*, 1784, 3 vol. in-12, cart., non rogn.

   10 figures non signées.

260. RESTIF DE LA BRETONNE. Le Paysan perverti ou les Dangers de la ville. *Imprimé à la Haye et se trouve à Paris, chés Esprit*, 1776, 8 parties en 4 vol. — La Paysane pervertie, ou Les Dangers de la ville. *Imprimé à la Haye. Et se trouve à Paris chés la Vve Duchesne* 1784, 8 parties en 4 vol. — Les Figures du Paysan perverti. *S. l. n. d.* (1781), in-12, 244 pages. explications des figures, revue des ouvrages de l'auteur et 6 ff. non chiff. — Les Figures de la Paysane pervertie *S. l. n. d.*, 72 pages, avis sur les Dangers de la ville, 8 pages et 6 ff. pour la souscription à *M. Nicolas*, 2 parties en 1 vol. — Ens. 9 vol. in-12, demi-rel. veau fauve, dos orné, tr. jasp.

   Les figures de Binet grav. par Leroy et Giraud sont ici d'une qualité d'épreuves exceptionnelle. Le Paysan contient, outre les 82 figures de Binet, la pl. 24, Edmond introduit, en deux états. Gaudet en habit de religieux et en habit de Marquis. il manque la pl., 35, Edmond Vengeur. — La Paysanne contient ses 38 figures plus la pl., 35, Ursule poignardée, en deux états. Ursule poignardée par Edmond et Ursule emportée par ses Gens.
   Les Recueils. Les figures du Paysan et de la Paysanne ont été publiés spécialement pour accompagner les estampes dess. et grav. longtemps après la publication du Paysan et avant celle de la Paysanne. Estampes qui se vendaient à part aux souscripteurs et contenaient le premier tirage des figures, que l'on ajoutaient ensuite au texte, c'est le cas de cet exemplaire.

261. RESTIF DE LA BRETONNE. Suite de 6 frontispices (sur 8) et 63 figures (sur 76), dessinés par Binet, gr. par Le Roy, pour illustrer *Le Paysan perverti. Paris*, 1784, in-12, en feuilles.

   Lég. déchirures aux frontispices.
   On y joindra : Le Paysan perverti. *La Haie et Paris*, 1776, tomes I, III et IIII, sans figures, 3 vol. dont 2 rel. veau rac., déreliés, et 1 en feuilles. Le tome 1ᵉʳ est incomplet d'un f.

262. RESTIF DE LA BRETONNE, Les Françaises, ou XXXIV exemples choisis dans les mœurs actuelles, propres à diriger les filles, les femmes, les épouses et les mères. *A Neufchâtel, et se trouve à Paris, chés Guillot*, 1786, 4 vol. in-12, br.

   34 figures attribuées à Binet.

263. RESTIF DE LA BRETONNE. La Femme infidelle. *La Haye et Paris, chez Maradan*, 1788, 4 vol. in-12, br.

   Edition originale de l'ouvrage le plus rare de Restif, dans lequel l'auteur retrace les aventures scandaleuses de sa femme.
   Les couvertures sont doublées avec les titres de *Neuchatel*, 1786. Ces premiers titres furent supprimés lorsque l'ouvrage parut clandestinement en 1788.

264. RESTIF DE LA BRETONNE. Le Palais-Royal. *A Paris, au Palais-Royal*

d'abord ; puis, Partout ; même chés Guillot, 1790, 3 vol. in-12, front., cart., non rogn.

> 3 planches-frontispices se dépliant non signées.
> Édition originale.

265. RESTIF DE LA BRETONNE. Monsieur Nicolas ; ou le cœur humain dévoilé, publié par lui-même. Avec figures. *Paris, Imprimé à la maison*, 1794-1797, 16 parties en 8 vol. in-12, demi-rel. veau rouge, dos ornés, tr. marb.

> Autobiographie rare.
> Les figures indiquées sur le titre et aux tables n'ont jamais été publiées. Raccommo-
> modages et mouillures. Les feuilles *fg* et *fh* de la 10e partie manquent.

266. RESTIF DE LA BRETONNE. Zoé, ou Les Mœurs de Paris, par F. P. A. Malençon. *Paris, Leroux*, an VI (1798), 2 vol. in-12, 2 fig. non sign., br.

> « Ou c'est un plagiat effronté, ou c'est une spéculation de Restif, car cette *Zoé* n'est
> que la *Lucile*, mot pour mot, avec les noms travestis » (Monselet). La seconde hypo-
> thèse est plus vraisemblable, Restif en effet, n'eut pas laissé publier une contrefaçon
> d'un de ses ouvrages, faite ostensiblement à Paris Il fit d'ailleurs réimprimer *Lucile*,
> vers 1802, sous un troisième titre : *La Prostituée devenue vertueuse.*

267. RESTIF DE LA BRETONNE. Les Posthumes ; lettres reçues après la mort du mari, par sa femme, qui le croit à Florence par feu Cazotte (Restif de la Bretonne). *Paris, Duchêne*, 1802, 4 vol. in-12, br.

> Exemplaire sans les frontispices. Le tome II renferme les ff. supplémentaires conte-
> nant l'Histoire d'Ifflasie ; le tome IV, la description des 4 estampes, qui motivèrent la
> saisie du livre, la suite de l'histoire d'Ifflasie, un extrait des *Revies*, et 12 ff. supplémen-
> taires : *Tables des 777 nouvelles.*

268. RESTIF DE LA BRETONNE, sa vie et ses amours ; documents inédits, catalogue complet et détaillé de ses ouvrages, suivi de quelques extraits, par Charles Monselet, avec un beau portrait gr. par Nargeot et un fac-similé. *Paris, Alvarès*, 1854, in-12, br.

> Tirage à 520 exemplaires, un des 400 sur papier vergé.

269. NOGARET (Félix). La Capucinière, ou le bijou enlevé à la course, poème. *Paris*, 1820, 6 fig., br. — Le Danger des extrêmes. *Paris*, an VIII, 2 fig. — Les Foiblesses d'une jolie femme, ou Mémoires de Madame de Vilfranc, écrits par elle-même (par J.-B. Nougaret et Restif de la Bretonne). *Amsterdam et Paris, Belin*, 1779, 2 vol. — Ens. 4 vol. pet. in-8 et in-12, br. et cart.

> On y joindra : Mon Tribut, poème par Félix Nogaret, in-4 de 4 ff.

270. SYLVAIN MARÉCHAL. 5 vol. in-8 et in-12, rel. et br.

> Les folies sentimentales ou l'égarement de l'esprit par le cœur. *Paris, Royez*, 1786,
> 1 fig. non sign. — La Passion de N.-S. Jésus-Christ, tragédie en 3 actes et en vaude-
> villes. *Jérusalem, s. d.* — Pensées libres sur les prêtres. *Rome et Paris*, an VI. — La
> femme abbé. *Paris, Ledoux*, 1801, gr. pap., 1 fig. avant la lettre, par Binet, gr. par Bovi-
> net. — Nouvelle légende dorée, ou Dictionnaire des saintes, mis au jour par S. M.
> (Sylvain Maréchal). *A Rome, s. d.*, 2 tomes en 1 vol.

271. LES ETRENNES de mon cousin, ou l'Almanach pour rire. Année 1787, par M. C. D. (Carrière Doisin). *A Falaise et Paris, De Senne,*

in-12, front. et fig. — Les Fourmis du parc de Versailles raisonnant
ensemble dans leurs fourmilières ; fable allégorique et philosophique,
traduite de l'anglais par feu Ch.... L.... de Bel.... (Lambert de Belan).
Londres, Volf (Paris, Royez), 1803. — Ens. 2 vol. in-12, br., couv. factices.

> Premier volume des *Étrennes de mon cousin*, recueil très amusant en vers et en
> prose, terminé par *Les aventures de la Guinguette ou l'enlèvément supposé*, comédie-
> parade mêlée de chants et de danses. Le volume est illustré d'un frontispice et de
> 2 curieuses grandes planches se dépliant, caricatures relatives à l'aéronautique. Moyen
> infaillible d'enlever les ballons, et Moyen infaillible de diriger les ballons. Le second
> ouvrage est incomplet de 2 ff.

272. MOREL DE VINDÉ. Primerose, par M... el de V.... dé (Morel de
Vindé). *Paris, Impr. de P. Didot*, 1797, in-18, veau fauve, pet. dent.,
dos orné, dent. intér., tr. dorées (*Rel. anc.*).

> 1 frontispice et 5 figures par Lefèvre, gr. par Godefroy.

273. SAINT-PIERRE (B. de). Paul et Virginie (suivi de La Chaumière
indienne). *Paris, Curmer, Rue Sainte-Anne*, 1838, gr. in-8, fig., cart.,
non rogn.

> Les plats et le dos de la couverture bleue encadrée sont rapportés sur le cartonnage.
> Les fig. hors texte n'ont pas les papiers de soie de l'édition ; les portraits sont avec la
> lettre et d'un tirage postérieur.

274. MOREL DE VINDÉ. Zélomir. *Paris, de l'Impr. de Didot, chez Bleuet*,
1801, in-18, fig., veau fauve, pet. dent. int., dos orné, dent. intér., tr.
dorées (*Courteval*).

> 6 jolies figures par Lefebvre, gr. par Godefroy.

275. ALMANACH des Dames, pour l'an 1808 (et 1809). *A Tubingue, chez
Cotta*, 2 vol. in-18, fig., maroquin rouge à long grain, pet. dent., dos
ornés, dent. intér., tr. dorées (*Rel. anc.*).

> L'année 1808 est ill. de 4 fig. (sur 6), l'année 1809, de 8 fig. d'après N. Poussin, Albane,
> Terburg, etc.
> 1 fig. du premier vol. a été coloriée, le titre gr. et le calendrier manquent au second.

276. SAINT-GÉRAN, ou la nouvelle langue française, anecdote récente
suivie de l'Itinéraire de Lutèce au Mont Valérien en suivant le
fleuve Séquanien et revenant par le Mont des Martyrs. Petite parodie d'un grand voyage (par Cadet de Gassicourt). Seconde édition.
Bruxelles et Paris, Colas, 1812, frontispice, br. — L'Esprit des sots
passés, présens et à venir ; ou traité d'élognostie recueilli (et non
composé) par l'auteur de Saint-Géran (Cadet de Gassicourt). *Paris,
chez les marchands de nouveautés*, 1813, veau rac., dent., dos orné, tr.
marb. (*Rel. anc.*). — Ens. 2 vol. in-18, rel. et br.

> Le premier ouvrage est une parodie du style de Mme de Staël et de Chateaubriand,
> particulièrement de *l'Itinéraire*. Le second, fait à l'imitation des *Bigarrures du Seigneur
> des Accords* est un recueil de toutes les formes ridicules données à la langue pour la
> composition des rébus, bouts-rimés, anagrammes, acrostiches, etc.

277. OURIKA (par Mme la Duchesse de Duras). *Paris, Ladvocat*, 1824,
pet. in-8, pap. vélin, demi-rel. mar. violet, dos orné, non rogn.
(*Thouvenin*). — Un Drame au Palais des Tuileries. 1800-1832, par

Thalaris Dufourquet (Mme Bastide). *Paris,* 1833, 2 vol. in-8, br., couv. imp.

> Seconde édition *d'Ourika,* parue sous la même date que l'édition originale. Lég. rousseurs.

278. NODIER (Charles). Histoire du Roi de Bohême et de ses sept châteaux. *Paris, Delangle,* 1830, in-8, fig., cart. toile, non rogn.

> Premier tirage des 50 vignettes. par Tony Johannot.
> Exemplaire auquel on a ajouté un portrait de Nodier, lithog. par Delpech. Rousseurs.

279. BALZAC (H. de). Les Contes drolatiques, colligez ez abbayes de Touraine et mis en lumière par le sieur de Balzac pour l'esbattement des pantagruélistes et non aultres. Cinquième édition illustrée de 425 dessins, par Gustave Doré. *Paris, ez bureaux de Société générale de Librairie,* 1855, in-8, fig., br., couv. ill.

> Premier tirage des illustrations de Gustave Doré. La couverture est celle de Delabays, 1858. Débroché.

280. BALZAC (H. de). Physiologie du Mariage ou Méditations de philosophie éclectique sur le bonheur et le malheur conjugal. Nouvelle édition semblable à celle de la Physiologie du goût publiée par le même éditeur. *Paris, Charpentier,* 1838, in-12, br., couv. ill.

> Première édition in-12. Bel exemplaire.

281. SAINTE-BEUVE. Volupté. Nouvelle édition revue et corrigée. *Paris, Charpentier,* 1840, in-12, br., couv. imp.

> Première édition in-12. Bel exemplaire.

282. VOYAGE où il vous plaira, par Tony Johannot, Alfred de Musset et P. J. Stahl. *Paris, Hetzel,* 1843, in-4, br., couv. ill.

> Premier tirage des illustrations de Tony Johannot. Bel exemplaire.

283. MONNIER (Henri). Mémoires de Monsieur Joseph Prudhomme. *Paris, Librairie Nouvelle,* 1857, 2 vol. in-12, br., couv. imp.

> Edition originale.

284. RENARD (Jules). Poil de carotte. *Paris, Flammarion,* s. d. — Le Plaisir de rompre. *Paris, Ollendorff,* 1898. — Ens. 2 vol. in-12, br.

> Editions originales.

c. *Romans historico, satiriques, relatifs aux amours de plusieurs grands personnages.*

285. LES AMOURS du grand Alcandre, par Mlle de Guise; suivis de pièces intéressantes pour servir à l'histoire de Henri IV. *Paris, Imp.*

de Didot, 1786, 2 vol. in-12, papier vélin, veau granit., filets, dos ornés, dent. intér., tr. dorées (*Rel. anc.*).

Belle édition : donnée par M. de La Borde, de cet ouvrage attribué à Mlle de Guise, princesse de Conty ou à Roger de Bellegarde.

286. DUCLOS. Histoire de Madame de Luz; anecdotte (sic) du règne de Henri IV (par Duclos). *La Haye, chès Pierre de Hondt*, 1744, 2 parties en 1 vol. in-12, veau fauve, filets, dos orné, tr. roug. (*Rel. anc.*).

287. MÉMOIRES secrets pour servir à l'histoire de Perse. Nouvelle édition revue, corrigée et augmentée. *Amsterdam, aux dépens de la Compagnie*, 1746. — Les Amours de Zeokinizul, roi des Kofirans, ouvrage traduit de l'arabe du voyageur Krinelbol. *Amsterdam, aux dépens de Michel*, 1746. — Ens. 2 vol. in-12, veau rac., dos ornés (*Rel. anc.*).

Ouvrages satyriques sur Louis XV et sa Cour, attribués sans grande certitude à plusieurs auteurs. Les *Mémoires secrets* seraient du chevalier de Rességuier, de Pecquet ou même de Voltaire. Quelques bibliographes l'attribuent à Mme de Vieux-Maisons qui serait également l'auteur des *Amours de Zeokinizul* (Louis XV). Ce dernier ouvrage, qui passa longtemps pour être de Crébillon, serait plus vraisemblablement de La Beaumelle. La présente édition des *Mémoires secrets* contient une importante table des matières supprimée dans les éditions suivantes, et la *Clef* de tous les noms. C'est dans cet ouvrage qu'il est parlé pour la première fois du *Masque de fer*. On a ajouté aux *Amours de Zeokinizul* une clef manuscrite.

d. *Romans féeriques. Voyages imaginaires.*

288. CABINET (Le) des fées ou collection choisie des contes de fées et autres contes merveilleux. *Amsterdam*, 1785, 37 vol. in-8, fig., veau marbr., fil., dos ornés, tr. marbr. (*Rel. anc.*).

Cet exemplaire ne se compose que de 37 vol. et de 96 figures dess. par Marillier gravées par Berthet, Choffard, etc.
La Reliure porte au dos les armes et au verso du premier plat l'ex-libris de la Duchesse de Berry. Bibliothèque de Rosny.

289. LES CONTES Bleus, par Mme A. de Savignac. *Paris, Janet*, 6 parties en 2 vol. in-18, 6 fig. par Colin, gr. par Rouargue, veau brun, fleurons et compartiments ornés à froid couvrant entièrement les plats et le dos, tr. dorées, étui (*Rel. romantique*).

Bel exemplaire.

290. RELATION du Monde de Mercure (par le chevalier de Béthune). *Genève, Barillot*, 1750, 2 tomes en 1 vol. in-12, front. gr., veau granit., dos orné à froid, tr. roug. (*Rel. anc.*).

Aux armes de Claude Bullion, intendant des finances.

e. *Contes et nouvelles en prose.*

291. DES PERIERS (Bonaventure). Les Contes ou les nouvelles récréations et joyeux devis de Bonaventure Des Periers. Nouvelle édition augmentée et corrigée, avec des notes historiques et critiques par M.

de la Monnoye. *Amsterdam, Chatelain*, 1735, 3 vol., front. gr. — Cymbalum Mundi, ou dialogues satyriques sur différens sujets avec une Lettre critique dans laquelle on fait l'histoire, l'analyse et l'apologie de cet ouvrage, par Prosper Marchand. Nouvelle édition revue, corrigée et augmentée de notes et remarques communiquées par plusieurs sçavans (La Monnoye, Falconet, Lancelot, etc.). *Amsterdam, Prosper Marchand*, 1732, fig. — Ens. 4 vol. in-12, veau granit., dos ornés, tr. roug. (*Rel. anc.*).

> Le *Cymbalum Mundi* est orné de 1 frontispice, 2 fleurons et 4 figures par Bernard Picart.

292. **Cholière** (Nicolas). Les neuf matinées, dédiées à Monseigneur de Vendosme. *Paris, Richer*, 1585. Les Aprés Disnées du seigneur de Cholières. *Paris, Richer*, 1587. — La Guerre des Masles contre les Femelles, représentant en trois dialogues les prérogatives et dignitez tant de l'un que de l'autre sexe, avec les meslanges poétiques du sieur de Cholières. *Paris, Chevillot*, 1588. — Ens. 3 vol. in-12, br., couv. factices.

> De la Collection des *Raretés bibliographiques* publiée à Bruxelles par Mertens, pour J. Gay.
> Tiré à 100 exemplaires num. sur papier de Hollande.

293. **Marguerite de Navarre.** Contes de Marg. de Valois, reine de Navarre. *Londres*, 1744, 2 vol. pet. in-12, fleuron et vign., veau rac., dos ornés, tr. roug. (*Rel. anc.*).

> Ex-libris. P. Jannet.

III. — ROMANS ÉTRANGERS

294. **Assemblée** (L') de Cythère, de Monsieur Algarotti, traduit de l'italien en françois (par Mlle de Menon). *S. l.*, 1758. — La mère marâtre, ou l'injustice vengée par elle-mesme, histoire tragique (par Dufour). *Londrès*, 1751 — Lucette, conte dramatique, par M. D***. *Glascow et Paris, Leboucher*, 1771. — La guerre des parasites de Sarrazin (traduit du latin en français) par MM. (Toussaint Masson). *Paris, d'Houry*, 1757. — Miseys, ou le visage qui prédit, histoire (attribuée au cardinal de Bernis). *A Troyes*, 1745. — Le livre à la mode ou le philosophe rêveur. Ouvrage dans lequel on trouve plusieurs particularités singulières et intéressantes, pour tous les états de la vie, par le chevalier des Essarts. *Amsterdam, Merkus*, 1770. — Mémoires apologétiques de M. de Bastide, ouvrage fait en cinq jours, par la nécessité des circonstances — Ens. 7 ouvrages en 1 vol. in-12, veau rac., dos orné, tr. roug. (*Rel. anc.*).

> Le titre du dernier ouvrage manque.

295. **Contes** de Boccace; traduction nouvelle, augmentée de divers contes et nouvelles imités de ce poète, par La Fontaine, Passerat, Dorat, et autres, et enrichie de notes historiques par A. Sabatier de

Castres. *Paris, Poncelin,* an X (1801), 11 vol. in-8, fig., cart., non rogn. (*Cart. ancien*).

> 2 portraits, 11 frontispices et 120 figures par Gravelot, Boucher, Cochin, Eisen, **gr.** par Bosc, Delvaux, Dupréel, Martinet, etc.
> Bel exemplaire à toutes marges.

296. VOYAGES de Gulliver, par Swift (trad. de l'abbé Desfontaines). *Paris, Didot,* 1797, 4 tomes en 2 vol. in-18, 1 front. et 9 jolies figures dessinés par Lefebvre et gravés par Masquelier, veau rac., pet. dent., dos ornés, tr. marb. (*Rel. anc.*).

> Portrait ajouté.

297. RICHARDSON. Clarisse Harlowe. Traduction nouvelle et seule complète, par M. Le Tourneur. Sur l'édition originale revue par Richardson, avec figures d'après Chodoviecki, de Berlin. *Genève, chez Paul Barde,* 1788, 12 vol. in-12, port. et fig., demi-rel. bas. fauve, dos orné, tr. jasp. (*Rel. anc.*).

> 1 portrait et 23 figures par Chodoviecki. Le faux titre manque à 6 vol. Raccommodage à un feuillet.

IV. — FACÉTIES ÉCRITES EN FRANÇAIS

298. DU FAIL (Noël). Baliverneries ou contes nouveaux d'Eutrapel autrement dit Léon Ladulfi. *Paris, par Estienne Groulleau,* 1548, in-18, maroquin bleu à long grain, 5 filets dorés droits et courbes et filets à froid encadrant les plats, fers azurés aux angles, dos orné, filets intér., tête dorée, non rogn. (*Héring*).

> Jolie réimpression publiée à *Chiswick, Impr. de Whittingham,* 1815, et tirée à 100 exemplaires sur papier vélin. Elle est précédée d'un avertissement de l'éditeur anonyme, M. S. W. Singer.
> Bel exemplaire.

299. RECUEIL faict au vray de la chevauchée de l'asne, faicte en la ville de Lyon. Et commencée le premier jour du moys de septembre, mil cinq cens soixante six. Avec tout l'ordre tenu en Icelle. *A Lyon, par Guillaume Testefort, s. d.,* in-8, br.

> Relation en vers et en prose d'une cérémonie burlesque « contre les maris qui s'estoyent laissez battre à leurs femmes. » Ce spectacle populaire fut donné à l'occasion de l'entrée à Lyon de Mme la duchesse de Nemours, femme du gouverneur de la province.
> Réimpression publiée à *Lyon, Barret,* 1829, par les soins et avec des notes de MM. Breghot du Lut, Duplessis et Péricaud. Tirée à 100 exemplaires.

300. RÉIMPRESSIONS de Facéties du XVIᵉ siècle. *Paris et Chartres; Téchener, Garnier,* etc., 8 plaq. pet. in-12, br., une en feuilles.

> Le plaisant discours et advertissement aux nouvelles mariées. — Monologue nouveau et fort joyeulx de la chamberiere desproveue du mal damours. — Sermon joyeulx dung fiance qui emprunte ung pain. — La brave médecine de Maistre Grimache. — Sensuit le Sermon des Frappe-Culz, nouveau et fort joyeulx. — Le plaisant boutehors doysiveté. — La mère, la fille, le tesmoing, l'amoureulx et l'official. — Plaisant contract de mariage passé entre Nicolas Grand Jean et Guillemette Ventrue.
> Tirés à petit nombre.

301. Réimpressions de pièces du xvi° siècle. *Paris, Téchener et Chartres, Garnier*, 2 vol. et 2 plaq. pet. in-8 et in-12, br.

> Le Blason des Danses, par Guillaume Paradin. — Ladvocat des Dames de Paris touchant les pardons Sainct Trotet. — Les quatre Ages, moralité à IIII personnages, c'est a scavoir : l'Age d'or, l'Age d'argent, l'Age d'Airain, l'Age de fer. — La complainte de Venise,
> Tirés à petit nombre.

302. Beroalde de Verville. Le moyen de parvenir. Nouvelle édition. *S. l.*, 100070073 (1773), 2 vol. pet. in-12, titres et front. gr., demi-rel. dos et coins de veau rac., dos ornés, tr. jasp. (*Rel. anc.*).

> Bonne édition publiée par Lenglet du Fresnoy et précédée d'une dissertation de La Monnoye.
> Les titres et frontispice sont remontés ; le front. du tome II manque.

303. Réimpressions de facéties en vers et en prose des xvi° et xvii° siècles. 25 plaq. in-12, br.

> La Complaincte du Nouveau marié. — Discours joyeux de la patience des femmes. — Les ténèbres de mariage. — Le plaisant Quaquet. — Le débat de l'homme et de la femme. — Les Songes de la Pucelle. — Le compte du Rossignol. — La surprise et fustigation d'Angoulevent. — Dyalogue beau et affable. — Le Blason des Barbes. — Responce di Gestes de Arlequin. — Le jargon, ou le langage de l'argot réformé. — Responce et complaincte au grand cœsre. — La Vie généreuse des Gueux et bohémiens. — Reigles, statuts et ordonnances de la Caballe des Filous. — Discours de deux Savoyards. — Les de Relais ou le purgatoire. — Procez nouvellement intenté entre Messieurs les saveliers savatans. — Reglement d'accord sur la preseance des saveliers et des cordonniers. — Facéties tabariniques, 6 pièces.

304. Recueil général des Caquets de l'accouchée ou discours facecieux ou se voit les mœurs, actions et façons de faire des grands et petits de ce siècle, avec un discours du relèvement de l'accouchée. *Imprimé au temps de ne se plus fascher*, 1625 (*Metz, Nouvian, 1847*), in-12, front., cart., non rogn.

> Réimpression tirée à 66 exemplaires sur papier de Hollande.

305. Facéties. Réunion de 15 plaq. in-8 et in-12, dérel. et br.

> La pompe funèbre d'Arlequin (Evariste Ghérardi), mort le dernier jour d'août 1700. *Paris, Musier*, 1701. — L'éloge de quelque chose dédié à quelqu'un, avec une préface chantante (par Louis Coquelet). *Paris, Heuqueville*, 1730. — L'éloge de rien, dédié à personne, avec une postface par L. Coquelet. *Paris, Heuqueville*, 1730. — Dissertation sur l'antiquité de Chaillot (par La Feuille). *Paris, Prault*, 1736. — Critique de quelque chose, par Monsieur *** : *Avignon, chez les frères Choses*, 1748. — Eloge prononcé par la Folie devant les habitants des Petites Maisons (par le P. Charbonnet). *Avignon*, 1761. — Apologie de la pauvreté, ou Réponse d'un particulier indigent à son tailleur indigne de vivre, 1768. — Le Coq-à-l'Asne ou l'Eloge de Martin Zèbre. *Asnière*, 1760. — Ah ! que c'est bête, par M. Timbré. *Berne*, 1776, 1 front. par Marillier, gr. par Halbou. — Vercingentorixe (sic), tragédie, œuvre posthume du sieur de Bois-Flotté, étudiant en droit-fil (le Marquis de Bièvre). *S. l.*, 1730 1 fig. non sign. — Lettre écrite à Madame la comtesse Tation, par le sieur de Bois-Flotté (Marquis de Bièvre). *Amsterdam*, 1771, 1 vign. non sign. — Eloge funèbre et historique de M. Maitre Nicodème Pantaléon Tire-Point. *S. l.*, 1776. — Oraison funèbre de ma petite chienne. *Paris*, 1785. — Reflexions sur les éloges, suivies d'un éloge historique du nombre trois (par Fontaine de Saint-Fréville). *S. l. n. d.* — Chimerandre l'antigrec, fils de Bacha Bilboquet (par Cerfvol). *A Balivernopolis, s. d.*
> Les 2 derniers ff. de la *Lettre à Mme la Comtesse Tation* sont refaits.

306. Coqueley de Chaussepierre. La roué vertueux, poème en prose en quatre chants, propre à faire, en cas de besoin, un drame à jouer deux fois par semaine (par Coqueley de Chaussepierre). *Lauzanne*

(*Paris*), 1770, in-8, 1 front , 1 fleuron et 4 figures dess. et gr. par Le Prince, à la manière du lavis, br., couv. factice.

Exemplaire sur grand papier avec les figures tirées en bistre.
Curieuse et rare facétie.

307. MÉMOIRES de l'Académie des sciences, inscriptions, belles-lettres, beaux-arts, etc., nouvellement établie à Troyes en Champagne *S. l. n. d.*, pet. in-8, veau granit. pet. dent., dos orné, tr. dorées (*Rel. anc.*). — Sièges de Troyes par les Jésuites, ou mémoires et pièces pour servir à l'histoire de Troyes pendant le XVIIe siècle (par P. J. Grosley), précédés du discours de Jean Passerat, troyen prononcé au collège royal de Paris en 1594. *Paris, chez les marchands de nouveautés,* 1826, in-12, br., couv. factice.

On sait que les Mémoires de l'Académie de Troyes sont un recueil de facéties scatologiques composé par plusieurs troyens parmi lesquels on cite Grosley, André Lefèvre, David, etc. La présente édition non citée. *S. l. n. d.*, doit être l'édition originale, tirée à petit nombre pour les amis des auteurs et ayant certainement précédé celle de Liège 1749 citée comme la première. Pour donner à ce vol. l'apparence d'une suite de mémoires de la même académie, la pagination ne commence qu'à la page 60.
Le Siège de Troyes est la réimpression faite par M. Gadan, des mémoires pour servir de supplément aux antiquités ecclésiastiques du diocèse de Troyes, par M. N. Camuzat (P.-J. Grosley). *S. l. (Troyes)*, 1750, dont la première édition fut saisie en arrivant à Paris et brulée à la Bastille.

308. CAYLUS. Œuvres badines complettes du comte de Caylus, avec figures. *Amsterdam, Visse,* 1787, 12 vol. in-8, fig., veau rac., pet. dent., dos ornés, tr. jasp. (*Rel. anc.*).

1 portrait par Cochin, gr. par De Launay et 22 figures (sur 24) par Marillier, gr. par Baquoy, Dambrun, etc.
Les 2 derniers ff. du tome XI ont été refaits, la table manque. Déchirure à un ff. du tome VI. Lég. mouillures.

309. ELOGE historique de Milord Contenant (par Borde). *S. l. n. d.* — Le mendiant boiteux, ou les aventures d'Ambroise Gwinett, balayeur du pavé de Spring-Garden, par M. L. Castilhon *Bouillon,* 1771, 2 parties en 1 vol. — L'Abailard supposé, ou le sentiment à l'épreuve (par la comtesse F. de Beauharnais). *Amsterdam et Paris, Gueffier,* 1780. — Les abus dans les cérémonies et dans les mœurs, développés par M. L. (Du Laurens). *Blois, Billault,* an II (1794). — Ens. 4 vol. in-8, dont 2 rel. veau, 1 cart. et 1 br.

Le premier ouvrage est une facétie rare.

V. — DISSERTATIONS SUR L'AMOUR, LES FEMMES, LE MARIAGE

310. PUTEANUS (Erycius). Comus, ou banquet dissolu des Cimmeriens. Songe où par une infinité de belles feintes, les mœurs dépravées de ce siècle sont doctement, naïvement, et singulièrement décrites, reprises et condamnées. Traduit du latin d'Erycius Puteanus par Nicolas Pelloquin. *Paris, Nicolas Touzard,* 1613, in-12, cuir de Russie, pet. dent. dorée et filets à froid en losange couvrant les plats, dent. intér., dos orné, tr. dorées (*Simier*).

Bel exemplaire réglé. Ex-libris Viollet-Le-Duc.

311. OUVRAGES sur l'Amour et les femmes. 5 vol. ou plaq. in-8 et in-12, rel. veau, cart. et br.

La Chambre de Justice de l'Amour (par Le Laboureur) avec la Revüe des troupes de l'Amour (par Mlle Des Jardins). *Fribourg, Pierre Bontemps*, 1668 (raccommodages à plusieurs ff.). — Etrennes voluptueuses, dédiées aux Grâces, par Madame L. M. D. S. (Chevrier). *Londres, s. d.* (vers 1760). — L'Art de rendre les femmes fidelles, ouvrage imprimé à Paris, en 1717, remis au jour et commenté avec anecdotes tant anciennes que modernes. *Genève et Paris, Bastien*, 1779, 2 parties en 1 vol. — Petit commentaire sur le titre de la petite brochure : Petit traité de l'amour des femmes pour les sots (de Champcenetz). *Saint-Lazare, Donat Gourdin, s. d.* — Recueil factice de 16 T., poésies légères par Osselin et biographie de cet auteur extraite de l'*Almanach des bizarreries humaines*, 1796.

312. MÉLANGES en vers et en prose, relatifs aux femmes, au mariage, etc. 8 plaq. in-8 et in-12, br.

Idées d'un célibataire, sur la loi qui défend les avantages entre les maris et les femmes, par un cinquantenaire. *Paris, de l'Imp. de Monsieur*, 1787, pap. vélin. — Le démérite des femmes, poème par Pelletier-Saint-Julien. *Paris*, an IX. — Le Mérite des hommes, poème, par A. Rose Gaëtan. *Paris*, an IX. — Epitre au sexe, ou la jouissance. *Paris*, an XI. — Apologie des femmes, poème (par Paulin Crassous). *Paris*, 1806. — Epitre aux femmes par N. D. *Paris*, 1807. — La Ceinture de Vénus, épisode traduit du XIVe chant de de l'Iliade. *Paris*, 1807. — La Création d'Eve, conte moral et historique (par G. Patry). *Au jardin d'Eden, l'an de la création*.
On a ajouté à l'Epitre aux femmes une lettre autographe de l'auteur, adressée à M. Piis.

313. SENANCOUR (De). De l'Amour, selon les lois primordiales et selon les convenances des sociétés modernes. Troisième édition avec des additions et des changemens considérables. *Paris. Vieilh de Boisjoslin*, 1829, in-18, veau rouge, fil. dor., dent. à froid, dos orné, tr. marbr.

314. CASSETTE des Bijoux (La), par l'abbé de Torche et Mlle de Nantouillet. *Paris, Gabriel Quinet*, 1668, in-12, demi-rel. mar. rouge à long grain, dos orné, tr. jasp. (*Rel. anc.*).

Recueil de lettres en prose mêlée de vers. La dédicace à Mme de Montespan est signée D. T. (De Torche). Mlle de Nantouillet a fourni une partie des pièces dont se compose ce livre. Petite déchirure à un f.

315. FABLES pour les dames (par Moore). *Amsterdam*, 1764. — Relation véridique qui a l'air d'un songe. *La Haye*, 1782. — Contes saugrenus, (Attrib. à S. Maréchal). *Bassora*, 1789, 1 fig. — Le Lit de Noce ou les nuits du docteur Pyrico-Proto-Patouphlet. *S. L.*, 1791. — Les Archives du Scandale. *Paris*, 1819. — Ens. 5 vol., 2 br., 3 rel.

316. AGRIPPA (Corneille). De la grandeur et de l'excellence des femmes au-dessus des hommes, ouvrage composé en latin, par H. C. Agrippa et traduit en français avec des notes curieuses et la vie d'Agrippa (par d'Arnaudin). *Paris, Babuty*, 1713. — De l'égalité des deux sexes, discours physique et moral, où l'on voit l'importance de se défaire des prejugez. *Paris, Du Puis*, 1676. — L'Isle de France, ou la nouvelle colonie de Vénus (par Thomas). *Cologne, Pierre Marteau*, 1758, in-12, front. gr. — La Femme jalouse (par le Vicomte de Ségur). *Paris, Henry*, 1790. — Les femmes, leur condition et leur influence dans l'ordre social, par Alex. de Ségur. *Paris, Treuttel et Wurtz*, an XI (1803), 3 vol. in-12, 6 fig. par Harriet, gr. par Delvaux. — Lettre aux critiques de mon ouvrage intitulé : Des Femmes et de leurs différens caractères, par

Alexandre F... (Faucheux). *Paris, Delaunay,* 1818, plaq. — Ens. 7 vol.
et 1 plaq. in-8 et in-12, dont 6 rel., 1 dérelié et 1 br.

L'Isle de France est attribuée à tort par Barbier et Quérard à l'abbé Marchandier. C'est
le premier ouvrage de l'académicien Thomas, alors simple clerc de procureur.
Le titre de *l'Egalité des deux sexes* est doublé et raccommodé, mouillures.

317. Apothéose (L') du beau sexe. *Londres (Hollande), Van der Hoek,*
1712, front. gr. par Yver. — Atalzaïde, ouvrage allégorique (par Crébillon fils). Imprimé on l'on a pû, 1746, 2 parties. — Les Métamorphoses de l'amour, par M. C*** D*** (Constant d'Orville). *S. l.,* 1769. —
Ens. 3 ouvrages en 1 vol. in-12, veau rac., dos orné, tr. rouge
(*Rel. anc.*).

Petite déchirure au titre du dernier ouvrage.

318. Fournel. Traité de la Séduction, considérée dans l'ordre judiciaire.
Paris, Demonville, 1781. — Traité de l'Adultère, considéré dans l'ordre
judiciaire. *Paris, Fr. Bastien,* 1778. — Ens. 2 vol. in-12, veau rac., dos
ornés, tr. marb. (*Rel. anc.*).

319. Mélanges sur les femmes et le mariage. 8 vol. in-12, demi-rel. et
br.

Vénus physique (par Moreau de Maupertuis), 1777. — Tableau de l'amour conjugal, par
. Nicolas Venette, 1800, 4 vol., fig. — Essai satirique et amusant sur les vieilles filles,
traduit de l'anglois (de Hayley), par Sibille, 1788, 2 vol. — De l'abus des nudités de gorge
(attribué à J. Boileau). *Paris, Delahays,* 1858.

5. — PHILOLOGIE

I. — SATIRES GÉNÉRALES

320. Erasme. L'Eloge de la Folie; traduction nouvelle du latin d'Erasme,
par M. Barrett, orné de douze figures. *Paris, Defer de Maisonneuve,*
1789, in 12, fig., veau rac., dos orné, tr. jasp.

1 frontispice et 12 figures par Eisen, non sign.

321. La Cassette verte de Monsieur de Sartine, trouvée chez Mademoiselle du Thé (par Tickell). *La Haye,* 1779. — Histoire d'un pou
françois; ou l'espion d'une nouvelle espèce, tant en France qu'en
Angleterre (par Delauney). *Paris,* 1781. — Le Cri de l'indignation,
suivi de la requête de Janot. *Londres,* 1783. — Ens. 3 vol. in-8, br.,
couv. factices.

322 La Berlue (par Poinsinet de Sivry). *Londres,* 1759. — Vérités à
l'ordre du jour, ou nouvelle critique raisonnée, tant des acteurs et
actrices des théâtres de Paris que des pièces représentées (par Fa-
bien Pillet). *Paris, Garnier,* an VI, front. gr. — Petites Vérités au
grand jour sur les acteurs, les actrices, les peintres, les journalistes,

Bonaparte, etc., par une société d'envieux, d'intrigans et de caba-
leurs. *Se trouve partout.* an VIII. — Ens. 3 vol. in-12, rel. veau et cart.

II. — PROVERBES. ANA. ÉNIGMES

323. PROVERBES et Dictons populaires, avec les Dits du Mercier et des
Marchands et les crieries de Paris au XIII⁰ et XIV⁰ siècles, publiés
d'après les manuscrits de la Bibliothèque du Roi, par G. A. Crapelet. *Paris, Imp. de Crapelet,* 1831, gr. in-8, 2 fac-similé, papier vélin,
cart., non rogn.

> Recueil d'ouvrages précieux pour l'étude des mœurs et usages du moyen âge. Les piè-
> ces qui le composent paraissent ici pour la première fios, à l'exception des *Crieries de
> Paris.*
> De la *Collection des anciens monumens de l'histoire et de la langue française.*
> Bel exemplaire auquel on a ajouté une lettre autographe signée de Crapelet.

324. MOISANT DE BRIEUX. L'ordre des Bannerets de Bretagne et leur
origine translaté sur le latin, et depuis mis en rimes françoises. *Caen,
Mancel,* 1827, in-4 de 31 pp., demi-rel. mar. rouge à long grain, dos
orné, non rog. (*Rel. de l'ép.*).

> Réimpression donnée par G. Duplessis et tirée à 100 exemplaires, d'un poème publié à
> la suite des *Origines de quelques coutumes anciennes,* ouvrage paru en 1672 et devenu
> très rare...

325. ANAS. Bievriana, ou jeux de mots de M. de Bievre (recueillis et
publiés par Albéric Deville). *Paris, Maradan,* s. d. (1800), in-18, portrait, br. — Arnoldiana, ou Sophie Arnould et ses contemporaines;
recueil choisi d'anecdotes piquantes, de réparties et de bons mots de
Mlle Arnould, précédé d'une notice sur sa vie par l'auteur du Bievriana (Alberic Deville). *Paris, Gérard,* 1813, in-12, portrait par B. de
La Richardière, d'après La Tour, demi-rel. — Esprit de Sophie Arnould (publié par Fayolle). *Paris, Louis,* 1813, in-8, br. — Ens. 3 vol.
in-12 et in-18.

326. MENESTRIER (Fr.). La Philosophie des images énigmatiques, ou il
est traité des énigmes, hiéroglyphiques, oracles, oteries, songes, etc.
Paris, Veuve Daniel Horthemels, 1694, in-12, gr., planche repliée, veau
granit., dos orné, tr. roug. (*Rel. anc.*).

6. — EPISTOLAIRES

327. LA MOTHE LE VAYER. Cincq (neuf). Dialogues faits à l'imitation
des Anciens par Oratius Tubero (Fr. de la Mothe Le Vayer). *Francfort (Trévoux), par Jean Savius,* 1716, 2 vol. in-12, veau granit., dos
ornés, tr. rouge (*Rel. anc.*).

> Portrait ajouté.

328. Du Noyer (Mme). Lettres historiques et galantes de Madame Du
Noyer, contenant différentes histoires, avantures, anecdotes curieuses et singulières. Nouvelle édition, revue, corrigée et augmentée
d'un sixième tome, avec une table des matières à chaque volume qui
manquoit aux éditions précédentes. *Londres, Jean Nourse*, 1741, 6 vol.
in-12, 4 front., 1 plan, 1 fig. et 1 gr. planche de blasons, veau marb.,
filets, dos ornés, tr. marb. (*Rel. anc.*).

> Aux armes de Charles-Godefroy de La Tour d'Auvergne, Grand-Chambellan de France.
> Les tomes V et VI n'ont pas de frontispice. Rousseurs.

329. Boursault. Lettres nouvelles de feu Monsieur Boursault, accompagnées de fables, de contes, d'épigrammes, de remarques, de bons
mots et d'autres particularitez aussi agréables qu'utiles. Avec treize
lettres amoureuses d'une dame à un cavalier. Troisième édition augmentée. *Paris, François Le Breton*, 1709, 2 vol. in-12, veau granit., dos
ornés, tr. roug. (*Rel. anc.*).

7. — POLYGRAPHIES

330. Lipsius (Justus). Les Six livres des Politiques, ou doctrine civile
de Justus Lipsius : où il est principalement discouru de ce qui appar-
tient à la principauté par Charles le Ber, sieur de Malassis. *La Ro-
chelle, par Hierosme Haultin*, 1590, in-8, cart., tr. jasp.

> Exemplaire court de marges.

331. Scarron. Œuvres de Monsieur Scarron. Nouvelle edition revue,
corrigée et augmentée de l'Histoire de sa vie et de ses ouvrages, d'un
Discours sur le style burlesque, et de quantité de pièces omises
dans les éditions précédentes. *Amsterdam, chez Wetstein*, 1752, 7 vol.
pet. in-12, fig., demi-rel. veau rouge, dos ornés, non rogn.

> 1 portrait, fleurons et 6 figures par Du Bourg, gr. par Folkéma. Bel exemplaire à
> toutes marges.

332. Saint-Evremond. Œuvres de Monsieur de Saint Evremond, publiées sur les manuscrits de l'auteur. Nouvelle édition revue, corrigée
et augmentée de la vie de l'auteur (par Des Maizeaux). *Londres,
Jacob Tonson*, 1725, 7 vol. in-12, port., veau granit., dos ornés, tr.
marb. (*Rel. anc.*).

333. Moncrif. Œuvres, augmentées de l'Histoire des chats. *Paris, Maradan*, 1791, 2 vol. in-8, 2 portraits et 4 fig. de Sève gravées par Baquoy, Chenu, Sõrnique, Tardieu., br.

334. La Motte. Œuvres de Monsieur Houdar de la Motte. *Paris,
Prault*, 1754, 10 tomes en 11 vol. in-12, port. gr. par Ingouf d'après

Ranck, plats en veau fauve, filets, dos mar. rouge à long grain, ornés, tr. marb. (*Rel. anc.*).

Ex-libris Viollet-le-Duc.

335. REMOND DE SAINT-MARD. Œuvres. *Amsterdam, Pierre Mortier*, 1749, 5 vol. in-12, front., vign., veau marb., filets, dos ornés, tr. roug. (*Rel. anc.*).

5 titres, 5 front. et 6 vignettes par Clavareau et Hallé, gr. par Fessard.

336. COLARDEAU. Théâtre et autres œuvres de Charles-Pierre Colardeau *Paris, Cailleau*, 1784, 2 vol. in-8, port. et fig., veau marb., filets, dos ornés, tr. dorées (*Rel. anc.*).

1 portrait d'après Voirot et 11 figures par Monnet, grav. par Baquoy, de Launay, etc.

337. CHAMFORT. Œuvres complètes. Troisième édition. *Paris, Maradan*. 1812, 2 vol. in-8, br., couv. muette.

338. FLORIAN. Œuvres inédites de Florian, recueillies par R. C. G. de Pixérécourt. *Paris, Boulland*, 1824, 4 vol. pet. in-8, veau fauve, filets sur les plats et le dos, dent. intér., non rogn. (*Bauzonnet*).

Bel exemplaire avec envoi de Pixérécourt à M. de Soleinne.

339. ROUGET DE LISLE. Essais en vers et en prose. *Paris, Imp. de Didot*, 1796, in-8, 1 fig. par Le Barbier, gr. par Gaucher et 5 ff. de musique gr., veau brun, filets, dos orné, dent. intér., non rogn. (*Koehler*).

Edition en partie originale.
Bel exemplaire avec la fig. de Le Barbier avant la lettre et auquel on a ajouté un portrait de l'auteur au crayon, d'après le médaillon de David d'Angers. Les 2 ff. de l'Hymne des Marseillais ont été remplacés par une des premières éditions de la *Marseillaise*, avec musique notée.
Envoi autog. de Rouget de Lisle à Mme de Gordon.

340. CHÉNIER (M. Joseph de). Réunion de 19 plaq. in-8 et in-12, br.

Dénonciation des inquisiteurs de la pensée. *Paris, Lagrange*, 1789. — Discours en vers sur la Calomnie. *Paris, Didot*, an VI. — Pie VI et Louis XVIII. *Paris, Laran*, an VI. — Les nouveaux saints. *Paris, Dabin*, an IX. — Les Nouveaux philosophes, ou Réponse aux nouveaux saints. *Paris*, an IX. — Les petits saints, ou épître à Chénier. *Paris, Parisot*, s. d. — Les nouveaux athées, ou réfutation des nouveaux saints, par R. Perin et Bizet. *Paris, Marchand*, an IX. — Le Concile Œcuménique du ciel, ou les cultes (attribué à Chénier). *Paris, Dabin*, an XI. — Epître à Voltaire. *Paris, Didot*, 1806. — Lettre de Voltaire à J. de Chénier. *Paris*, 1806, etc.

341. CHÉNIER (Marie-Joseph de). Epître à Voltaire. *Paris, de l'Imp. de Didot, chez Dabin*, 1806, plaq. in-4, papier vélin, br.

Edition originale.

342. STAËL (Mme de). Œuvres complètes de Mme la Baronne de Staël, publiées par son fils ; précédées d'une notice sur le caractère et les écrits de Mme de Staël, par Madame Necker de Saussure. *Paris, Treuttel et Würtz*, 1820-1821, 17 vol. in-12, 2 portraits, demi-rel. veau fauve, dos ornés, non rogn. (*Rel. romantique*).

343. Œuvres complètes de P. L. Courier. Nouvelle édition augmentée d'un grand nombre de morceaux inédits, précédée d'un essai sur la vie et les écrits de l'auteur par Armand Carrel. *Paris, Paulin,* 1834, 4 vol. in-8, port., demi-rel. mar. vert à long grain, dos ornés, tr. marb. (*Rel. romantique*).

On y joindra : Procès de Paul-Louis Courier, condamné le 28 août 1821, à l'occasion de son discours sur la souscription de Chambord. *Paris,* 1821. — Pamphlet des pamphlets, par P.-L. Courier. *Paris,* 1824. — Pétition pour des Villageois que l'on empêche de danser. *Paris,* 1822. — 3 plaq. in-8, br.

344. STENDHAL. Le Rouge et le Noir. chronique du XIXᵉ siècle. Deuxième édition. *Paris, Levavasseur et Urbain Canel,* 1831, 6 vol. in-12, br., couv. factices.

Deuxième édition. Rare.

345. GOETHE. Œuvres. *Paris, Charpentier,* 1841-1843, 4 vol. in-12, br., couv. imp.

Faust. trad. Henri Blaze. — Werther, trad. Leroux, suivi de Hermann et Dorothée, trad. X. Marmier. — Wilhelm Meister, trad. A. de Carlowitz, 2 vol. Première édition très bien imprimée.

8. — COLLECTIONS D'OUVRAGES

ET

D'EXTRAITS DE DIFFÉRENTS AUTEURS

346. BIBLIOTHÈQUE populaire. *Troyes, Garnier* (vers 1740), 10 vol. in-12, demi-rel., non rogn.

Figures de la Sainte Bible, avec une explication très utile sous chaque figure, nomb. fig. sur bois. — Discours tragique en vers héroïques sur la passion de Notre-Seigneur Jésus-Christ, selon l'Évangeliste Saint Jean, par Messire Philippe Le Gras (court de marg., texte-atteint à 2 ff.). — Le chemin du Ciel, ou la voie que doivent tenir les enfans pour arriver au Ciel, composé par L. BR. D. — L'Histoire de l'enfant prodigue, avec un cantique sur le même sujet. — La Vie et Légende de Saint Jean-Baptiste, avec celles de tous les Apôtres. — La Vie et les miracles de Saint Antoine, abbé, avec la Vie de Ste Marie-Égyptienne. — Abrégé de la Vie de Saint Edmond, vulgairement Saint Edme, composé par F.-P. Charlet. — La Vie de Saint Fiacre, patron de Brie, avec des avertissemens aux pèlerins. — Nouveaux Noels ou Cantiques spirituels, par Nicolas Pourvoyeur. — La Vie et Légende de Sainte Marguerite, vierge et martyre.

347. BIBLIOTHÈQUE populaire. *Troyes, Garnier, s. d.* (vers 1730). Romans de Chevalerie, 8 vol. in-4 et in-8, demi-rel. mar. et veau fauve, non rogn.

Histoire des nobles prouesses et vaillances de Gallien restauré, fils du Noble Olivier (2 ex.). — Histoire de Valentin et Orson. — Histoire de Huon de Bordeaux, pair de France, contenant ses faits et actions héroïques, mises en deux livres aussi beaux et divertissans que jamais on ait lu, *2 vol.* Conquêtes du grand Charlemagne, roi de France, avec les faits héroïques des douze Pairs de France. — Histoire de Jean de Calais. — Histoire de la belle Heleine (sic) de Constantinople (Broché)

348. Bibliothèque populaire. *Troyes, Garnier, s. d.* (1720-1750). Facéties et pièces burlesques, 20 plaq. in-8, et in-12, demi-rel. mar. de diverses couleurs, non rogn.

La Vie du fameux Gargantuas, le plus terrible géant qui ait jamais paru sur la terre. — L'Escole de Salerne, en vers burlesques. — La peine et misère des garçons chirurgiens autrement appellés *Fratres*. — La misère des garçons boulangers de la Ville et Fauxbourgs de Paris. — L'Etat de servitude ou la misère des domestiques. — Testament sérieux et burlesque d'un maître savetier. — La fameuse harangue faite en l'assemblée générale de Messieurs Messeigneurs les savetiers. — Les promenades de a Guinguette, aventures et histoires galantes. — La Malice des hommes découverte dans a justification des femmes. — Le mari mécontent de sa femme. — La femme mécontente de son mari. — Le Miroir des femmes. — La grande confrairie des saouls d'ouvrer, et enragés de rien faire. — La femme mal conseillée et le mari prudent, ou la guinguette de Surenne. — Catéchisme des Normands. — L'Arrivée du brave Toulousain. — Entretien des bonnes compagnies, par le sieur Des Fontaines. — Eloge funèbre de Michel Morin. — Catéchisme ou explication des demandes Maltotiers. — Description de six espèces de pets.

349. Bibliothèque populaire. Théâtre. *Troyes, Nicolas Oudot,* 1715-1718, 3 vol. in-12, demi-rel., non rogn.

La Comédie des Proverbes, pièce comique (par Adrien de Montluc, comte de Cramail). — Marianne, tragédie, par Tristan l'Hermite. — Sainte Catherine, tragédie, par M. d'Aubignac.

350. Bibliothèque populaire. *Troyes, Garnier et Oudot, s. d.* (vers 1720-1750). Romans, contes et nouvelles, 17 vol. in-8 et in-12, demi-rel. maroq. et veau fauve, dos ornés, non rogn.

La Lampe merveilleuse, ou histoire d'Aladin (2 ex.). — Les visions de Dom Francisco de Quevedo Villegat, augmentée (sic) de l'Enfer réformé et du décret de Lucifer, trad. d'Espagnol en François par le sieur de la Geneste. — La princesse lionnette et le prince Coquerico. — La maîtresse fidèle. — Histoire de la vie, grandes voleries et subtilités de Guilleri. — Vert et bleu, suivie de Persinette, par Mlle de La Force. — Contes divers tirés des Fées, 10 vol.

351. Bibliothèque populaire. *Troyes, Garnier* (vers 1740), 5 vol. in-12, demi-rel., non rogn.

Le Palais des curieux, où l'Algèbre et le sort donnent la décision des questions les plus douteuses. — Le Bâtiment des réceptes, traduit d'italien en françois et augmenté d'une infinité de beaux secrets depuis peu mis en usage. — La magie naturelle, ou mélange divertissant. — Le Cabinet de l'Eloquence Françoise, dédié aux amoureux. — Le Secrétaire des Dames, pour apprendre à écrire de belles lettres en langue française.

352. Bibliothèque populaire. *Troyes, Garnier et Oudat, s. d.* (vers 1750). Facéties et pièces burlesques. 8 vol. in-8 et in-12, demi-rel., non rogn.

L'Escole de Salerne en vers burlesques. — Les promenades de la Guinguette, aventures et histoires galantes. — Testament sérieux et burlesque d'un maître savetier. — La misère des garçons boulangers de la ville et Fauxbourgs de Paris. — L'Etat de servitude ou la misère des domestiques. — Description de six espèces de pets. — Entretien des bonnes compagnies, par le sieur Des Fontaines.

353. Collection des meilleurs romans français, dédiée aux dames. *Paris, Werdet et Lequien,* 1829, 15 vol. in-32. Titre grav. et front. à chaque vol., veau gris, fil. dor., dent. et milieux à froid, dos ornés. tr. marbr. (*Rel. romantique*).

Mme Cottin. Elisabeth. Fiévée. La Dot de Suzette. Mme de Genlis, Mlle de Clermont. Junquières. Caquet-Bonbec. Mme de La Fayette. La Princesse de Clèves. 2 vol. Zaïde. 2 vol. Mme Riccoboni. Lettres de Juliette Catesby. Lettres de Fanny Butlerd. Sauvigny. Les Amours de Blanche Bazu et de Pierre Lelong. Mme de Souza. Adèle de

Senange. 2 vol. Sterne. Le Voyage Sentimental. Mme de Tencin. Le Siège de Calais, suivi du Comte de Comminge.

354. RECUEIL de pièces choisies, tant en prose qu'en vers, rassemblées en deux volumes (Publié par Bern. de La Monnoye). *La Haye (Paris)*, *chez Van-Lom*, 1714, 2 vol. in-12, veau fauve, dos ornés, tr. roug. (*Rel. anc.*).

> Ce recueil contient : Voyage de Messieurs de Bachaumont et La Chapelle. Lettre de Racine à l'auteur des Hérésies imaginaires, Poésies du Chevalier d'Aceilly. Avis à Ménage. La Satire des Satires par Boursault. Les Visionnaires de Desmarets, etc.

355. RECUEIL de pièces sérieuses, comiques et burlesques. *S. l. (Hollande)*, 1721, 2 parties en 1 vol. pet. in-8, veau rac., dos orné, tr. roug. (*Rel. anc.*).

> Ce recueil contient : Les trois justaucorps, conte bleu, tiré de l'anglois du Révérend M. Jonathan Swif, avec les trois anneaux, nouvelle tirée de Bocace (par René Macé). Remarques sur l'Angleterre faites en 1713 (attribuées à Dubois de Saint Gelais). Histoire de Léonice et de Mendosa, par M. de S. Des lettres, contes et poésies diverses. Le tout recueilli par H. de Sallengre.

356. COLLECTION Cazin. *Londres (Paris, Cazin)*, 1781-1788, 16 vol. in-18, veau rac., dos ornés, tr. dorées (*Rel. anc.*).

> Œuvres complètes de Bernard, titre gr. — Poésies de Bérenger, 2 vol., 1 front. — Œuvres choisies de La Fontaine. — Théâtre de M. Piis, 2 vol. — Chefs-d'œuvre de Pope, port. — Racine. La Religion, 2 vol., port. — Richardet, poème (trad. en vers français par Duperrier-Dumouriez), 2 vol., 2 titres gr. — J.-B. Rousseau. Œuvres, 2 vol., port. — Œuvres de Vergier, 3 vol.

357. LE MÉNAGIER de Paris, traité de morale et d'économie domestique composé vers 1393 par un bourgeois parisien; contenant : des préceptes moraux, quelques faits historiques, des instructions sur l'art de diriger une maison, un traité de cuisine fort étendu, etc. Ensemble l'histoire de Grisélidis, Mellibée et Prudence par Albertan de Brescia (1246), traduit par frère Renault de Louens; et le chemin de Povreté et de Richesse, poème par Jean Bruyant, publié pour la première fois par la société des bibliophiles françois. *Paris, Imp. Crapelet*, 1846. 2 vol. gr. in-8, papier de Hollande, demi-rel. veau vert, dos ornés, têtes dorées, non rogn.

> Publication importante pour l'histoire des mœurs et de la vie privée au xive siècle. Elle est due au Baron Jérome Pichon qui a écrit pour cet ouvrage une intéressante introduction.

HISTOIRE

1. — GÉOGRAPHIE. VOYAGES

358. BRUIN et HOGENBERG. Civitates orbis terrarum. *Coloniæ*, 1575-1618, 6 tomes en 2 vol. in-fol. vélin blanc à recouv., avec attache, compart., coins et milieux dor., dos ornés (*Rel. anc.*).

> Bel exemplaire avec les titres latin mais avec le texte français, belles épreuves des grav. de Hogenberg, et de S. Van den Noevel.

Il se compose : 1re partie. 4 ff. préliminaires et 59 ff. doubles avec texte et vues
gravées, 1 f. pour la table. 2e partie. Titre grav. et 59 ff. doubles avec texte et vues
grav., 1 f. pour la table. 3e partie. Titre grav., 59 ff. doubles avec texte et vues grav.,
1 f. pour la table. 4e partie. Titre grav., 59 ff. doubles avec texte et vues grav , 1 f. pour
la table. 5e partie. Titre grav., 8 ff. prél., 69 ff. doubles et une vue d'Anvers hors texte,
1 f. pour la table. 6e partie. Titre grav., 1 f. prél., 58 ff. doubles et une vue de Cracovie
hors texte, 4 ff. pour les tables.

359. ATLAS UNIVERSEL par Robert et Robert de Vaugondy. *Paris, chez
les auteurs*, 1757, in-fol., veau marbr., dos orné.

   Très beau dess. par Cochin gravé par Baquoy, et 108 cartes avec les titres dans
autant de cartouches ou motifs d'ornements, dessinés par Cochin, grav. par Haussard.

360. JANIN (Jules). Voyage de Paris à Dieppe, description historique
des villes, bourgs, villages et sites sur le parcours du chemin de fer,
orné d'un grand nombre de vignettes dessinées sur les lieux par
Morel Fatio et Daubigny, de cartes et plans gr. par Tardieu. *Paris,
Bourdin, s. d.* (1847), pet. in-8, fig., br., couv. ill.

   4 planches hors texte, 3 cartes et plans et nomb. vignettes.

361. SUISSE. Alpes pittoresques. Description de la Suisse, par MM. le
Marquis de Chateauvieux, Dubochet, Franseini, etc., ornée de vues
et cartes, costumes et armoiries coloriées, etc., publiée sous la direction de M. le vicomte Alcide de Forestier. *Paris, Delloye,* 1837, 2 vol.
in-4, fig., demi-rel. veau violet, dos ornés, tr. ma b. (*Rel. romantique*).

   99 planches et cartes gr. et 21 lithographies coloriées d'après Deveria, Rossignon, etc.
Une planche manque au second vol.

362. DENON (Vivant). Voyage dans la Basse et la Haute Egypte pendant
les campagnes du général Bonaparte. *Paris, Didot,* 1802, 1 vol. in-4 de
de texte, portrait et 1 vol. in-fol. de 141 pl., demi-rel.

   On y joindra : Carte topographique de l'Egypte et d'une partie de la Syrie pour servir à l'histoire des campagnes de l'armée française en Orient, de 1798 à 1801, dressée
d'après l'ordre du gouvernement par le Colonel Jacotin, gravee au dépôt de la guerre à
Paris, publiée en 1814. Titre, 5 planches prélim. in-fol. et 47 ir-plano, en 1 vol., demi-rel.

363 LE MEXIQUE en 1823, ou relation d'un voyage dans la Nouvelle-Es-
pagne, contenant des notions exactes et peu connues sur la situation
physique, morale et politique de ce pays, accompagné d'un atlas de
20 planches, par M. Beulloch, traduit de l'anglais par M***, précédé
d'une introduction et enrichi de pièces justificatives et de notes, par
sir John Byerley. *Paris, Emery,* 1824, 2 vol. in-8 de texte et 1 atlas
in-4 oblong de 1 port. et 20 planches lithog. dont 6 de costumes colo-
riés — Voyage de Lapérouse, rédigé d'après ses manuscrits originaux et enrichi de notes par M. de Lesseps, accompagné d'une carte
générale, du portrait et d'un fac-simile de Lapérouse. *Paris, Ber-
trand,* 1831.— Ens. 3 vol. in-8, br. et 1 atlas in-4 oblong, cart.

364. MŒURS et coutumes des peuples ou collection de tableaux représentant les usages remarquables, les mariages, funérailles, supplices
et fêtes des diverses nations du monde. *Paris, Hocquart,* 1811, 2 tomes
en 1 vol. in-4, 142 pl. grav. et coloriées, demi-rel. mar. vert, dos
orné, tr. marbr.

2. — HISTOIRE DES RELIGIONS

365. CÉRÉMONIES et coutumes religieuses de tous les peuples du monde,
représentées par des figures dessinées de la main de Bernard Picart.
Amsterdam, J.-F. Bernard, 1739, 5 vol. — Cérémonies et coutumes
religieuses des Peuples idolatres. *Paris*, 1735, 2 vol. — Ens. 7 vol.
in-fol., veau marbr., fil., dos ornés, tr. marb. (*Rel. anc.*).

366. HISTOIRE de la Ste Chapelle royale du Palais par M. Sauveur-Jé-
rome Morand, présentée à l'Assemblée Nationale le 1er juillet 1790.
Paris. Clousier, 1790, in-4, fig., br., non rogn.

> Ouvrage rare illustré d'un frontispice et de 16 figures la plupart dess. par Ranson-
> nette. On y a ajouté une vue du Palais en 1620.

367. BOUILLART (Jacques). Histoire de l'Abbaye royale de St-Germain
des Prez. Le tout justifié par des titres authentiques et enrichi de
plans et figures. *Paris, G. Dupuis*, 1724, in-fol., veau granit., dos orné
dent. intér., tr. marbr. (*Rel. anc.*).

> Bel exemplaire auquel on a ajouté, outre les plans, vues, tombeaux qui illustrent le
> volume, le prospectus de cet ouvrage. *Paris, Dupuis*, 1722, 9 pages in-8, 17 plans
> et cartes, avec notices par Nicolas de Fers, vues par Mérian, Gamart, Marot, etc.

368. ALCORAN DES CORDELIERS (L'), tant en latin qu'en françois. C'est-
à-dire, Recueil des plus notables bourdes et blasphèmes de ceux qui
ont osé comparer St François à Jésus Christ tiré (par Erasme Albère)
du grand livre des conformitez, jadis composé par frère Barthelemi
de Pise (trad par Conrad Badius). Nouvelle édition ornée de figures
dessinées par B. Picart. *Amsterdam*, 1734, 2 vol. in-12, fig., veau
marb., filets, dos ornés, tr. roug. (*Rel. anc.*).

> 1 titre gr. et 21 figures par Bernard Picart.

369. VRAI RECUEIL des Sarcelles (Le). Mémoires, notes et anecdotes
intéressantes sur la conduite de l'Archevêque de Paris et quelques
autres prélats françois : Le Philotanus (poème par l'abbé Willart de
Grecourt), et le Portefeuille du Diable. *Amsterdam, aux dépens de
la Compagnie*, 1764, 2 vol., rel. veau. — Le compliment inespéré des
Sarcellois à M. de Vent**** (de Vintimille) au sujet de leur pélerinage
à Saint-Médard. *S. l. n d.* — Les très humbles et très respectueuses
remontrances des habitans du village de Sarcelles au roy. *Rotterdam, chez Richard sans peur*, 1732. — Les très humbles remercîments
de Sarcelles au roi. *A Sarcelles, chez Claude Fétu*, 1733. — Ens. 2 vol.
rel. et 3 plaq. in-12, dérel.

> Curieux recueil publié par Nic. Jouin et dirigé contre les Jésuites. Les 3 plaquettes
> ne figurent pas dans le recueil.
> On y joindra un double de la troisième harangue des habitans de Sarcelles, dérel,

370. REMONTRANCES au Parlement, avec des notes et ornées de figures.

Au Paraguay, de l'Impr. royale de Nicolas Ier, 1761, plaq. in-12, titre gr. et 3 fig., non sign., br. (Dérelié).

> Satyre contre les Jésuites illustrée de curieuses figures.

371. HISTOIRE des Cinq Propositions de Jansenius (par le Père Le Tellier). *Liège, Daniel Noumal*, 1700, 2 tomes en 1 vol. in-12, veau rac., dos orné, tr. roug. (*Rel. anc.*).

> Ouvrage attribué à tort à l'abbé Dumas. Le père Le Tellier en est le principal auteur.
> Édition augmentée d'importants Éclaircissements.

372. TEMPLIERS. Mémoires historiques sur les Templiers, ou éclaircissemens nouveaux sur leur histoire, leur procès, etc., par Ph. G*** (Grouvelle). *Paris, Buisson*, an XIII (1805), portrait — Monumens historiques relatifs à la condamnation des Chevaliers du Temple et à l'abolition de leur ordre, par M. Raynouard. *Paris, Egron*, 1813. — Ens. 2 vol. in-8, br.

373. VORAGINE (Jacques de). La Légende dorée, traduite du latin et précédée d'une notice historique et bibliographique par M. G. B. (Gustave Brunet). *Paris, Gosselin*, 1843, 2 vol. in-12, veau fauve, dos ornés, tr. peignes.

374. INVOCATION (L') et l'Imitation des Saints pour tous les jours de l'année (par l'abbé Giraud). *Paris, chez Girard Audran*, 1687, 4 vol. in-18, vign., maroquin rouge, filet, dos orné, pet. dent. intér., tr. dorées (*Rel. anc.*).

> 366 vignettes à mi-page dessinées et gr. par Sébastien Leclerc, connues sous le nom de *Suite des Saints d'Audran*.
> Premier tirage.

375. LA CHAU (Abbé de). Dissertation sur les attributs de Vénus. *Paris, Prault*, 1776, in-4, une jolie fig. de Vénus anadycmène d'après le Titien, fleuron en tête, vign. et planche de 8 médailles, gr. par Aug. de Saint-Aubin, demi-rel. veau fauve foncé, dos orné, tr. roug.

> Exemplaire avec la figure de *Vénus Anadyomène* avant la bordure et la coquille, et auquel on a ajouté une longue et intéressante lettre autogr. sign. de l'auteur, relative à cet ouvrage et à la *Description des pierres gravées du cabinet de Mgr le Duc d'Orléans* (1780), ouvrage que l'abbé La Chau préparait et sur lequel il donne de curieux détails.
> On y joindra : Larcher. Mémoires sur Vénus. *Paris, Valade*, 1765, in-12, demi-rel.

---

376. MARÉCHAL (Sylvain). Tableaux de la Fable, ou nouvelle histoire poétique des dieux, demi-dieux, etc., dessinés et gravés par les meilleurs artistes, avec le texte explicatif, de M. Sylvain M — l (Sylvain Maréchal). *S. l.*, 1787, 12 tomes en 6 vol. in-18, fig., veau rac., dent., dos orné, dent. intér., tr. dorées (*Rel. anc.*).

> 1 frontispice et 96 jolies fig. par Mixelle impr. en couleurs.
> Tomes I et II.

---

377. PAUSANIAS. Vétéris græciæ descriptio. Romulus Amasæus vertit.

Accessit rerum in hisce libris memorabilium locupletissimus index. *Florentiæ, L. Torrentinus,* 1551, in-folio, titre grav. sur bois, vélin.

3. — HISTOIRE DE FRANCE

378. Tassin. Seconde partie. Plans et profilsz des principales villes et lieux considérables de France. *Paris, Bercy,* 1644, in-4 oblong., cart.

> Cette partie contient la Bourgogne, Dauphiné, Provence, Comtat Venaisin et Oranges, Languedoc, Guyenne, Poictou, Rivière de Loire, Beauce, Gastinois.
> Nombreuses cartes et vues de Villes.

379. Vues des Ports de France, d'après C. J. Vernet, Huë et autres, dessinées et gravées par Couché fils. *Paris, Couché,* 1817, 40 vues sur 10 planches in-4, en feuilles, sous couv. imp.

> On y joindra 2 plans techniques du combat de St-Cast, 11 septembre 1758, plume, aquarelle et lavis.

380. Singularités historiques et littéraires contenant plusieurs recherches, découvertes, etc., sur un grand nombre de difficultés de l'histoire ancienne et moderne (par J. Dom Liron). *Paris, Didot,* 1738, 2 vol. — Variétés historiques, physiques et littéraires, ou recherches d'un Scavant, contenant plusieurs pièces curieuses et intéressantes (publié par Boucher d'Argis). *Paris, Nyon,* 1752, 3 vol. — Tablettes d'un curieux ou variétés histroiques, littéraires et morales (publiés par Sautreau de Marsy). *Bruxelles, Dujardin,* 1789, 2 vol. — Ens. 7 vol. in-12, rel. veau et demi-rel.

> Taches au premier ouvrage.

381. Chroniques d'Enguerran de Monstrelet. Histoire de bel exemple et de Grand fruict aux françois, commenceant en l'an M.CCCC. ou finist celle de Jean Froissart, et finissant en l'an M.CCCC.LXVII, peu outre le commencement de celle de Messire Philippes de Commines. Revue et corrigée sur l'exemplaire de la Librairie du Roy. *Paris, Sonnius et Méteyer,* 1596, 3 tomes en 2 vol. in-fol, vélin blanc à recouvrement *(Rel. anc.).*

> Très bel exemplaire.

382. Satyre Menippée, de la vertu du Catholicon d'Espagne, et de la tenue des Etats de Paris, à laquelle est ajouté un Discours sur l'interprétation du mot Higuiero del Infierno, et qui en est l'auteur.... Dernière édition divisée en trois tomes enrichie de figures en taille-douce. *Ratisbonne, Mathias Kerner,* 1726, 3 vol. pet. in-8, fig., veau rac., dos ornés, tr. roug. *(Rel. anc.).*

> Edition augmentée des notes de Prosper Marchand. Elle est illustrée de 4 portraits et 5 planches hors texte dont 2 (Procession de la Ligue et Etats de la Ligue) se dépliant Lég. mouillures à quelques ff. du tome II.

383. **Marguerite de Valois.** Mémoires de Marguerite de Valois, reine
de France et de Navarre. Ausquels on a ajouté son Eloge, celuy de
Mr de Bussy (par Brantome) et La Fortune de la Cour (par Pierre
Dampmartin, retouché par Sorel) *La Haye, Mœtjens (Trévoux)*, 1715,
2 vol. in-12, veau granit., dos ornés, tr. roug. (*Rel. anc.*).

> Portrait ajouté.

384. **Mémoires** du Maréchal de Bassompierre, contenans l'Histoire de
sa vie et de ce qui s'est fait de plus remarquable à la Cour de France
pendant quelques années. *Amsterdam, aux dépens de la compagnie*,
1723, 4 vol. pet. in-12, veau rac., dos ornés, pet. dent. intér., tr.
roug. (*Rel. anc.*).

> Un portrait par Lasne ajouté.

385. **Louis XIV.** Œuvres de Louis XIV (avec notice et notes par M.
Grouvelle). *Paris, Treuttel et Würtz*, 1806, 6 vol., port. gr. par Tardieu, d'après Mignard, et 22 fac-similé. — Mémoires de Louis XIV,
écrits par lui-même, composés pour le Grand Dauphin, son fils, et
adressés à ce prince, suivis de plusieurs fragments de Mémoires
militaires, etc., mis en ordre et publiés par M. de Gain-Montagnac.
Paris, Garnery, 1806, 2 parties en 1 vol. — Ens. 7 vol. in-8, demi-rel.
veau fauve, dos ornés, non rogn.

386. **Médailles** sur les principaux événements du règne de Louis Le
Grand, avec des explications pratiques. *Paris, Imprimerie, Royale*,
1702, in-4, front de Coypel grav. par Simonneau, fleuron par Leclerc,
nombr. médailles, veau, dos orné, tr. roug. (*Rel. anc.*).

387. **Mazarinades.** Réimpressions publiées à *Lille, Typ. Vanackere*,
6 plaq. in-18, br., couv. imp.

> La Famine ou les p... à c.... — Le Mazarin portant la hotte. — La Déroutte des troupes
> de Mazarin. — Les Regrets du Cardinal Mazarin. — L'Orphée grotesque. — La Politique
> burlesque.
> Tiré à 100 exemplaires sur papier de Hollande.

388. **La Baumelle.** Mes Pensées (par L. Angliviel de La Baumelle).
Copenhague, 1751, in-12, veau, rac., dos orné, tr. roug. (*Rel. anc.*).

> Edition originale contenant 240 pensées. Le faux titre porte ces mots *Qu'en dira-t-on?*
> qui ne sont que l'épigraphe du livre et que l'imprimeur, par méprise, mit en haut de
> chaque page comme titre courant. La collation donnée par Barbier est inexacte et doit
> être rectifiée ainsi : 2 ff. pour l'épigraphe et le titre, un pp. pour la dédicace adres-
> sée A M. F. (à mon frère) et 398 pp. la dernière pour l'errata cotée 400, les pp. 361 et
> 362 ayant été omises à la pagination.

389. **Mémoires** du duc de Villars, pair de France, Maréchal Général des armées de Sa Majesté très-chrétienne. *La Haye, P. Gosse*,
1736, 3 vol. — Mémoires du Chevalier de Ravanne, page de S. A. R.,
le Duc Régent, et mousquetaire. *Amsterdam*, 1782, 3 vol. — Ens.
6 vol. in-12, veau rac., dos ornés, tr. roug. (*Rel. anc.*).

390. **Histoire** du Prince Apprius, extraite des fastes du monde, depuis
sa création. Manuscrit persan trouvé dans la bibliothèque de Schah-

Hussain, roi de Perse déthroné par Mamouth en 1722. Traduction françoise, par Monsieur Esprit (composée par L. Godard de Beauchamps). *La Haye, Jaques Van den Kieboom*, 1729. — Les yeux, ouvrage curieux et galant, composé pour le divertissement d'une Dame de qualité, par J. P. N. du C. dit V. (Nicolas Du Commun, dit Véron). *Amsterdam, Jean Pauli,* 1760. — Ens. 2 vol. in-12, demi-rel., veau brun, dos ornés, tr. marb. (*Thouvenin*).

> Le premier ouvrage est un pamphlet contre le Régent. On a ajouté à l'exemplaire la clé des noms manuscrite. Des 3 parties dont se compose le second vol. (Les yeux, le nez, les tétons), notre exemplaire ne contient que la première : Les yeux.

391. LES INTRIGUES du Cabinet des Rats, apologue national, destiné à l'instruction de la Jeunesse, et à l'amusement des vieillards. *Paris, Le Roi*,1788, 22 vign. non sign. — Le Pot au noir. *Londres*, 1788. — Ens. 2 vol. in-8, br.

> Curieux ouvrages satiriques. *Le Pot au noir* est le complément du *Gazetier cuirassé*, il contient des anecdotes scandaleuses que l'on ne trouve que dans ce recueil. Rare.

392. SOULAVIE (Jean-Louis). Mémoires historiques et politiques du règne de Louis XVI, depuis son mariage jusqu'à sa mort. Ouvrage composé sur des pièces authentiques fournies à l'auteur, avant la Révolution, etc. *Paris, Treuttel et Würtz*, 1801, 6 vol. in-8, 3 grandes planches avec 113 portraits gr., cart., ébarb.

393. MARIE-ANTOINETTE. Vie de Marie-Antoinette-Josephe-Jeanne de Lorraine, archiduchesse d'Autriche, reine de France et de Navarre (par Babié de Bercenay). *Paris, Capelle*, an X (1802), 3 tomes en 1 vol. in-12, port. et 2 planches, demi-rel. veau fauve, dos orné, tr. jasp.

394. RÉVOLUTION. Pamphlets et opuscules relatifs à la Révolution Française. 12 plaq. in-8, dont 1 demi-rel. et 11 br.

> Premières leçons du fils ainé d'un roi par un député présomptif aux futurs Etats-Généraux. *Bruxelles, 1789.* — Les Chevaux au manège, ouvrage trouvé dans le portefeuille de Mgr le Prince de Lambesc. *Aux Tuileries*, 1789 (avec la clef des noms). — Discours sur la prise de la Bastille. *Paris, Panckoucke*. Rendez-nous la Bastille. *Hôtel de la Mairie, s. d.* — Appel nominal sur cette question : Quelle peine sera infligée à Louis? (Vote de tous les députés de la Convention Nationale sur cette question). — Tout coule, ou la Galimafrée nationale. *Versailles*, an II, front. (lég. mouillures). — C'est foutu, l'commerce ne va plus. *De l'Imp. de la petite Rosalie*, 1790, etc.

395. LA RÉVOLUTION en Vaudevilles, ou précis exact et circonstancié de ses principaux événemens depuis l'Assemblée des Notables jusqu'à la conclusion du procès de Carrier, par le citoyen P***. *Paris, Champon*, an III (1795), 2 vol. in-18, frontispice, demi-rel. chag. grenat, dos ornés, tr. jasp.

> Ouvrage fort curieux, contenant un grand nombre de faits et d'anecdotes populaires ignorés ou oubliés. Chacun des événements de la Révolution est relaté par un court exposé en prose, suivi de réflexions en vaudevilles.

396. RÉVOLUTION. Le Club infernal. Première séance. Présidence de Robespierre. — Catastrophe du Club infernal et sa dénonciation, par l'Universel Audouin. Présidence de M. Barrère de Vieusac. S. l. n. d., 2 plaq. signées Pilpay (J.-P. Gallais), en 1 vol. pet. in-8, cart. — Dia-

logue des Morts de la Révolution, par l'auteur du club Infernal (J.-B. Gallais). *Paris ,chez les marchands de nouveautés,* 7 dialogues en 1 vol. — Ens. 2 vol. in-8, cart. (Cart. de l'époque).

> On a ajouté au *Club infernal* une curieuse gravure.
> Le second ouvrage est complet en 7 Dialogues. Nombreux ff. remargés et piq. de vers n'atteignant pas le texte.

397. CHALLAMEL (Aug.). Histoire Musée de la République Française depuis l'assemblée des notables jusqu'à l'Empire. *Paris, Challamel,* 1842, 2 vol. gr. in-8, fig., cart. toile bleue, fers spéciaux, têtes dorées, non rogn.

> 2 frontispices et 148 planches et fac-simile hors texte, nomb. vign. d'après les documents de l'époque.
> Premier tirage.
> Le frontispice du premier volume est détaché de la reliure.

398. MÉMOIRES de Madame la duchesse d'Abrantès, ou souvenirs historiques sur Napoléon. *Paris, Ladvocat,* 1831, 10 vol. in-8, portr., demi-rel. veau rouge, dos ornés de fers à froid et dor., non rogn.

399. NAPOLÉON. Mentor à Tyrinthe, narration instructive, critique et morale. Fragmens inédits d'un ancien ouvrage grec, traduit en plusieurs langues, à Constantinople par l'Effendi Cohé-Ceruk (Paul Panckouke) Réimprimé à Smyrne (Versailles) par les soins de M. John Strafford 1802, 2 tomes en un 1 vol. in-8, veau, dent., dos orné, tr. marbr. (*Rel. anc.*).

> Satire contre Bonaparte et le gouvernement consulaire. ¡Ouvrage supprimé et détruit.
> Tres rare.

400. NAPOLÉON Ier. Virgile en France, ou la Nouvelle Enéïde, poëme héroï-comique en style franco-gothique, orné d'une figure à chaque chant; pour servir d'esquisse à l'histoire de nos jours, par Le Plat du Temple. *Bruxelles, chez Weissenbruch,* 1807, 2 vol., fig., br. — Les Voilà (par Le Plat du Temple). *Londres (Bruxelles et Paris),* 1815, 2 parties en 1 vol., cart., papier rouge, dent., dos orné, tr. jasp. (*Cart. de l'ép.*). — Ens. 3 vol. in-8, cart. et br.

> Satires en vers contre Napoléon, sa famille et sa cour. Le premier ouvrage est une singulière imitation de Virgile dont il n'a paru que les six premiers livres. Il est fort rare, les exemplaires ayant été détruits immédiatement après l'impression. L'auteur, qui se nomme ici Le Plat du Temple, est Victor Le Plat, marchand de vins à Coblentz. Chaque chant est suivi d'importantes notes donnant des renseignements piquants sur les personnages de l'époque. On remarque parmi les souscripteurs Mme Fanny de Beauharnais et Cambacérès. Ces deux volumes sont ornés de 6 curieuses figures non signées.

401 NAPOLÉON Ier. Réunion de 7 vol. ou plaq. relatifs à Napoléon Ier, in-8, br.

> De Buonaparte et des Bourbons, par Chateaubriand. *Paris,* 1814. — Oraison funèbre de Buonaparte, par une société de gens de lettres. *Paris,* 1814. — La vérité, ou petite brochure pour servir à une grande histoire. *Paris,* 1815. — De l'Empereur Napoléon et du Comte de Lille ou réfutation de l'écrit de M. Chateaubriant (sic), par Bourg, 1815. — Histoire des quinze semaines, ou le dernier règne de Bonaparte, (par Michaud, 1815. — Manuscrit de l'Ile d'Elbe. Des Bourbons en 1815, publié par le comte Bertrand (publ. par le Comte Montholon), 1820. — Discours de Napoléon sur les vérités et les sentiments qu'il importe d'inculquer aux hommes pour leur bonheur, publié par le général Gourgaud, 1826.

402. AUTREFOIS ou le Bon Vieux. Temps. Types français du dix-huitième
siècle. Texte par Ph. Audebrand, R. de Beauvoir, Labédollière, etc.,
vignettes, par MM. Tony Johannot, Th. Fragonard, Gavarni, etc.
Paris, Challamel, s. d. (1842), gr. in-8, 40 planches hors texte et vign.,
cart. toile, fers spéciaux, tête dorée, ébarb.

a. *Histoire particulière des anciennes provinces de France.*

403. PLAN de Paris dressé géométriquement en 1649, et publié en 1652,
par Jacques Gomboust avec le texte, les vues et les ornements qui
accompagnent quelques exemplaires, publ. par la Société des bibliophiles françois. *Paris, Téchener*, 1858, in-folio en feuilles en carton, et
notice in-8, cart.

404. POÈME à la Louange de Louis XIV. présenté par les gardes des
Marchands-Merciers de la Ville de Paris. *A Paris, de l'imp. de Char-
don*, 1769, plaq. in-4, br.

Poème composé à l'occasion d'une libéralité de Louis XIV en faveur de la corporation
des merciers, écrit en vers latin par Santeul et traduit en vers français par Corneille.

405. LES MISÈRES de ce Monde, ou complaintes facétieuses sur les
apprentissages de différens arts et métiers de la ville et fauxbourgs de
Paris, précédées de l'Histoire du Bonhomme misère (par Dufrêne
et autres). *Londres et Paris, Cailleau*, 1782, in-12, br., couv. factice.

406. LABORDE (Cte L. de). Le Palais Mazarin et les grandes habita,
tions de ville et de campagne au dix-septième siècle. *Paris, Franck*,
1846, gr. in-8, plan et fac-simile, demi-rel. mar. violet, dos orné,
tr. jasp.

407. PARIS. Les Rues de Paris. Paris ancien et moderne. Origines,
histoire, monuments, costumes, mœurs, chroniques et traditions. Ouvrage rédigé par l'élite de la littérature contemporaine,
sous la direction de Louis Lurine, et illustré de 300 dessins exécutés
par les artistes les plus distingués. *Paris, Kugelmann*, 1844, 2 vol. gr.
in-8, fig., br., couv. ill.

Premier tirage des fig. de Daumier, Beaumont, Célestin Nanteuil, etc.
Bel exemplaire. La planche La Rue du Temple manque au tome II.

408. LA BASTILLE. Réunion de II vol. et 50 plaq. relatifs à La Bastille.
In-8, br.

Remarques historiques et anecdotes sur le château de la Bastille (attr. à Brossays du
Perray). S. l., 1774, un plan (éd. originale). — Mémoires sur la Bastille et sur la détention de M. Linguet, écrits par lui-même. *Londres, Imp. de Spilsbury*, 1783, frontispice. — Même ouvrage. *Londres*, 1783, sans le front. — Réfutation des mémoires de la
Bastille sur les principes généraux des loix, de la probalité (sic) et de la vérité, dans
une suite de lettres à M. Linguet, par Thomas Evans. *Londres, Cox*, 1783. Ex. sur grand
papier de Hollande (La seconde lettre et la fig. annoncées dans la note de l'éditeur n'ont
jamais paru). Même ouvrage. *Londres*, 1783, pap. ordinaire. — Mémoires d'un prisonnier d'État, sur l'administration intérieure du château royal de Vincennes, pour servir
de suite aux Mémoires sur la Bastille de Linguet. *Londres*, 1783 (reproduction textuelle
de la 2me partie de l'ouvrage de Mirabeau. *Des lettres de cachet*). — Observations sur

l'histoire de la Bastille, publiée par M. Linguet, avec des remarques sur le caractère de l'auteur (attr. à Dussaulx). *Londres, aux dépans (sic) de l'auteur,* 1783. — Apologie de la Bastille, pour servir de réponse aux Mémoires de M. Linguet, par un homme en pleine campagne (Ant. Servan). *Kehl,* 1784 (sur le titre signat. autogr. et cachet de la bibliothèque de Ed.-Th. Simon, littérateur et chirurgien français, 1740-1818). — Remarques historiques sur la Bastille, sa démolition et Révolution de Paris, en juillet, 1789, avec un grand nombre d'anecdotes intéressantes et peu connues. *Londres,* 1789 (compilation empruntée à l'ouvrage de Renneville : l'Inquisition française, à Linguet et à Brossays du Perray). Contient à la suite : Révolutions de Paris, réimpr. des 4 premiers numéros du journal de Prudhomme, et Le langage des murs (par Mauclerc). — Histoire d'une détention de trente-neuf ans dans les Prisons d'Etat, écrite par le prisonnier lui-même (Beaupoil de St-Aulaire). *Amsterdam,* 1787. — Opuscules divers, 39 pièces. — Pièces relatives au Masque de Fer, 4 plaq.

409. **Paris.** Le Père Lantimèche, ou Paris en caricature, par L. M. H*** *Paris, Impr. Basset et Martin,* 1805. — Vues de Paris en miniature, formant une collection de trente-cinq gravures réprésentant Paris dans son origine, le costume civil, militaire, etc. *Paris, chez Saintin, s. d.* — Manuel et itinéraire du curieux dans le cimetière du Père-Lachaise, accompagné d'un plan et de huit gravures, par Marchant de Beaumont. *Paris, Emler,* 1828 — Paris, Anecdote, par Privat d'Anglemont. *Paris, Jeannet,* 1865. — Ens. 4 vol. in-12 et in-18, demi-rel. et br.

410. **Palais-Royal.** Histoire lithographiée du Palais-Royal. Dédiée au Roi, publiée par M. J. Vatout. *Paris, Motte, s. d.,* in-fol., faux-titre et titre, 3 planches lithogr. sur pap. de Chine, veau fauve, compart. de 9 filets dor., dent. et fil. à froid, dos orné, dent. intér., tr. dor. (*Simier*).

   Superbe exemplaire sur grand papier portant sur le titre le cachet de la bibliothèque du Roi au Palais-Royal. On y joindra Histoire du Palais-Royal (par Vatout). *Paris,* 1830, in-fol. différente de celle de 1838, tirée à petit nombre sur papier jaune.

411. **Environs** de Paris (Les). Paysage, histoire, monuments, mœurs, chroniques et traditions. Ouvrage rédigé par l'elite de la littérature contemporaine, sous la direction de MM. Ch. Nodier et L. Lurine et illustré de 200 dessins par les artistes les plus distingués. *Paris, Boizard et Kugelman, s. d.* (1844), gr. in-8, fig., br., couv. ill.

   28 planches hors texte et nomb. vignettes dans le texte. Rousseurs.

412. **Laborde** (Cte A. de). Versailles ancien et moderne. *Paris, Imp d'Everat,* 1839, gr. in-8, nomb. fig. — Galerie des maréchaux de France, dédiée à l'armée de terre et de mer, par Ch. Gavard. *Paris, Bureau des Galeries historiques de Versailles,* 1839, gr. in-8, 42 portraits gr. sur acier, accompagnés des états de service des maréchaux. — Ens. 2 vol. gr. in-8, demi-rel., dos ornés, non rogn.

   Premier tirage de *Versailles ancien et moderne.*

413. **Lavallée** (Th.). Histoire de la maison royale de Saint-Cyr (1686-1793). *Paris, Furne,* 1856, gr. in-8, fig. et fac-similé, demi-rel., dos et coins de chag. bleu, dos orné, tête dorée, non rogn.

   Exemplaire auquel on a ajouté 70 portraits d'après Mignard, Ph. de Champaigne, Nanteuil, etc., dont 5 sur papier de Chine.

414. **Souvenirs** de la Roche-Guyon, vues pittoresques et archéolo-

giques du château et de ses environs dess. d'après nature et lithographiés en deux teintes, par A. Maugendre, accompagnés d'un texte par Aug. *Bry, s. d.*, in-fol., texte et 20 pl. en feuilles, couv. illustr.

415. LANGLOIS (E.-H.). La feste aux Normands. *Rouen, Periaux*, 1833, in-8, cart., non rog.

> Illustré de 2 planches sur papier de Chine, reproductions de vitraux de l'église St-Jean de Rouen. Suivi de Le Château de la Salinière, poème du même auteur.

416. EU. Le château d'Eu, illustré depuis son origine jusqu'au voyage de sa majesté Victoria, Reine d'Angleterre, par Skelton, avec un texte rédigé par Vatout. *Paris, Goupil*, 1844, in-fol., fleuron, titre grav., 20 pl., demi-rel., dos et coins chag. rouge.

> Exemplaire sur grand papier avec les 20 figures sur papier de Chine.

417. LES RIVES de la Loire, 48 vues avec frontispice, cul-de-lampe et une carte, lithographiées par Deroy. *Paris, Motte*, 1834, in-4, titre, carté et 48 lithogr. sur papier de Chine. — Cours de la Saône, en vingt-six vues, dessiné d'après nature par Chapuy. lithogr. par Lauters. *Paris, Chardot, s. d.* (1835), in-4, 26 planches. — Églises, châteaux et hôtels du Blésois, par de La Saussaye. Première livraison. Chambord. *Blois*, 1837, 3 planches lithogr. — Ens 3 vol. in-4 dont 2 en feuilles et 1 br.

418. TABLEAU des mœurs au xe siècle, ou la cour et les lois de Howel-le-Bon, roi d'Aberfraw de 907 à 948, suivi de cinq pièces de la langue française au xie et xiiie siècles, telle qu'elle se parlait en Angleterre après la conquête de Guillaume de Normandie. *Paris, Imp. Crapelet*, 1832, gr. in-8, papier vélin, cart., non rogn.

> Publication intéressante pour l'histoire des mœurs des peuples du pays de Galles au xe siècle. Les Monumens de la langue française, qui font suite au code de Howel sont les cinq pièces suivantes : Extrait des Lois de Guillaume-le-Conquérant, 1070 ; Lettre de Béatrix d'Angleterre au roi Henri III, son père, 1263 ; Accord entre les barons anglais et Edouard, fils aîné du Roi, 1263 ; Lettre de Blanche de Bretagne au roi Henri III, 1265 ; Acte de foi et hommage de Jean de Baliol, roi d'Ecosse à Edouard 1er, 1292. Ces cinq pièces sont suivies d'une notice sur la langue anglaise depuis son origine jusqu'au xviiie siècle, par Gabriel Peignot.
> De la *Collection des anciens monumens de l'histoire et de la langue française.*

419. HENRI VIII. Lettres de Henri VIII à Anne Boleyn, publiées d'après les originaux de la Bibliothèque du Vatican, par G.-A. Crapelet. Seconde édition conforme à la première de 1826. *Paris, Imp. de Crapelet*, 1835, gr. in-8, papier vélin, 2 portraits lithog., cart., non rogn.

> Cet ouvrage comprend : Une importante notice historique sur Anne Boleyn, précis historique du divorce de Henri VIII, Les Lettres, texte français et anglais et une curieuse histoire d'Anne Boleyn, écrite en vers français par un contemporain.

420. MONNAIES inconnues des Evêques, des innocens, des fous et de quelques autres associations singulières du même temps, recueillies et décrites par MM. J. R. (J. Rigollot), d'Amiens, avec des notes et une introduction sur les espèces de plomb, le personnage de fous et

les rébus dans le moyen âge, par **M. C. L.** (C. Leber). *Paris, Merlin,*
1837, 1 vol. de texte et 1 atlas de 46 planches, gr. — Manuel de
l'amateur de jetons, par J. de Fontenay. *Paris, Dumoulin,* 1854, nomb.
fig. — Histoire du jeton au moyen âge, par Jules Rouyer et
Eug. Hucher. Première partie (seule parue). *Paris, Rollin,* 1858, 17 planches gr., demi-rel. — Ens. 3 vol. et 1 atlas, gr. in-8, demi-rel. et br.

> Le premier ouvrage contient les notes et additions à l'introduction, 8 ff., qui manquent souvent.

4. — BIOGRAPHIE
MÉLANGES HISTORIQUES

421. NERVAL (Gérard de). Les Illuminés ou les Précurseurs du socia-
lisme. *Paris, Lecou,* 1852, in-12, br., couv. imp.

> Edition originale.

422. PEIGNOT (G.). Recherches historiques et littéraires sur les Danses
des Morts et sur l'origine des cartes à jouer. Ouvrage orné de
5 lithographies et de vignettes, par Gabriel Peignot. *Dijon, Lagier,*
1 front., 5 planches et vign. — The Dance of Death, exhibited in ele-
gant engravings on wood with, a dissertation on the several repre-
sentations of that subjecbut more particularly on those ascribed to
macaber and Hans Holbein, by Francis Douce. *London, Pickering,*
1833, fig. — Ens. 2 vol. in-8, demi-rel.

423. GABRIEL PEIGNOT. Mélanges. 9 vol. in-8, demi-rel. veau et br.

> Histoire d'Hélène Gillet. Poésie sur le jugement d'Hélène Gillet, 2 plaq. en 1 vol. —
> Etymologie du mot Pontife. L'oraison dominicale. Prééminence de la langue française.1
> La selle chevalière, 4 plaq. en 1 vol. — L'Illustre Jaquemart de Dijon, par Bériga
> (G. Peignot). *Dijon,* 1832, planche. — D'une pugnition divinement envoyée aux hommes
> et aux femmes pour leurs paillardises, en 1493. *Naples (Paris, Téchener),* 1836. — Nou-
> veaux détails historiques sur le siège de Dijon. *Dijon,* 1837. — Lettre à M. Amanton. —
> De la liberté de la presse à Dijon. *Paris,* 1836. — Souvenirs relatifs à Saint-Paul de
> Londres. *Paris,* 1836. — Le luxe de Cléopâtre.
> Envoi de G. Peignot à Aimé Martin au second volume.

424. CHOIX des Mémoires secrets pour servir à l'histoire de la République des Lettres, depuis l'année 1762, jusques et y compris 1785,
contenant toutes les pièces fugitives rares ou manuscrits, en prose
et en vers, etc., mis en ordre par M. Ch. de V. (Choppin de Villy).
Londres, 1788, 2 vol. in-12, demi-rel. veau brun, dos ornés, tr. jasp.

> Choix des meilleures pages des mémoires de Bachaumont.

I. — VIGNETTES

425. FÉNELON. Télémaque. Suite complète, 1 frontispice par Cochin
gravé par Le Mire, 6 figures par Cochin gravées par de Launay, Pré-

vost, Saint-Aubin et Simonet. *Paris, Drouet,* 1781, in-4, en feuilles, à toutes marges.

Superbes épreuves AVANT LA LETTRE. Très rare.

426. PORTRAITS, Rois, Reines et Princes de la Maison de Bourbon, depuis Henri IV à nos jours. *Paris, Didot,* 1829, in-4, 32 portr. par Croizier d'après les peintres du temps, grav. par Roger, rel. — Siècle de Louis XIV, sa famille, ses ministres et ses amours. *Paris, Didot,* 1829, in-4, 24 portr., par Croizier grav. par Roger, rel. — La même suite de 25 portr. par Dautel grav. par Roger, in-8, rel. — Ens. 81 portr. en 3 vol., rel.

On y joindra 95 portraits divers. Ens. 186 pièces.

427. PORTRAITS des personnages les plus célèbres gravés d'après les dessins et sous la direction d'Alexandre Desenne. *Paris, Ménard et Desenne,* 1827, en feuilles, in-8, couverture grav.

Belle suite complète de 100 portraits sur GRAND PAPIER VÉLIN AVANT LA LETTRE ou lettre blanche, à toutes marges. La liste des portraits dont se compose cette collection est collée au verso de la couverture.

428. RÉVOLUTION. Figures pour l'histoire de la Révolution française de 1789 à 1814. 104 pl. in-8, en feuilles.

Cette suite se compose de 64 pl. évènements mémorables, batailles, etc., dess. et grav. par Couché, 12 pl. de médailles, 4 pl. de costumes des gardes nationaux et drapeaux de la garde. 1 calendrier, 1 tableau des assignats, 1 carte de France et 21 portraits.

429. ROUSSEAU (J.-J.). Suite complète de 42 vignettes gravées par nos plus habiles artistes, d'après les dessins de Deveria pour illustrer les œuvres de J.-J. Rousseau. *Paris, Dalibon,* 1826, en feuilles, in-8, couverture illustr.

Superbes épreuves.

430. VOLTAIRE. Estampes destinées à orner l'édition in-octavo de M. de Voltaire dédiées à son altesse royale monseigneur le Prince de Prusse, par J.-M. Moreau, dessinateur, graveur du cabinet du Roi, et de son académie royale de peinture et sculpture. *A Paris, chez Saugrain (s. d.).* A. P. D. R., en feuilles, in-8, à toutes marges.

Première suite de Moreau qui servit à illustrer l'édition des œuvres de Voltaire publiée à Kehl en 1784.
Cette superbe suite se compose de 108 pièces. Voici le détail, titre gravé, dédicace gravée. Dédicace gravée au prince de Prusse, frontispice avec le portrait du roi de Prusse 44 grav. pour le théâtre, 24 grav. pour la Pucelle, 10 gra. pour la Henriade, 18 fig. pour les Romans et Contes, 12 portraits.
Il manque, 2 fig. pour le Théâtre, 4 fig. pour la Henriade, Chants 1, 4, 9 et 10, et 3 portraits de Jeanne d'Arc, Catherine II et d'Alembert.

431. VOLTAIRE. Figures de Moreau, grav. par Delvaux, Blot, Ingouf, Simonet, etc., pour les œuvres de Voltaire, édition *Renouard,* 1819, in-8, en feuilles.

Très belles épreuves à toutes marges de la seconde suite de Moreau.
Elle se compose d'un frontispice, 44 figures pour le théâtre, 10 fig. pour la Henriade 21 p. la Pucelle, 33 pour les Romans et contes, 5 pièces historiques et 42 portraits, soit

156 pièces. On y joindra, portraits, caricatures de Voltaire, croquis de Huber gravés à l'eau-forte, 53 pièces (sur 55).
Ens. 211 pièces.

432. Voltaire. Figures pour les œuvres de Voltaire gravées par les plus habiles artistes, d'après les dessins de M. A. Desenne. *Paris, Ménard et Desenne*, 1825, in-8, en feuilles, à toutes marges, couvertures.

Suite complète de 80 figures en 2 états sur PAPIER VÉLIN AVANT LA LETTRE, AVANT LES CADRES, sur PAPIER DE CHINE avec la lettre.

433. Voltaire. La Pucelle. Figures attribuées à Marillier et Desrais. 24 fig. (vers 1798), pet. in-8, en feuilles, toutes marges.

Suite libre, front., 21 fig. pour les 21 Chants, plus 2 fig. variantes pour les chants XV et XVII, soit 24 pièces.
Ces vingt-quatre pl. se composent de 13 pl. de Marillier et de 11 pl. de Desrais, réduites. Une partie des planches sont retournées avec de légères différences, mais toutes avec la lettre et un cadre.

II. — ESTAMPES. CARTES A JOUER

434. Lalleman. Le théâtre de l'Odéon, grav. par J.-J. De La Porte, 1787.

Epreuve avant la lettre.

435. Lavreince. Les nymphes scrupuleuses, grav. par Vidal. Toutes marges.

436. Licence de droit de Lepelletier de Saint-Fargeau. 1787, gr. pièce in-plano ornée d'une importante composition gravée, aux armes du récipiendaire.

437. Moitte. La surprise agréable, grav. par Vidal, toutes marges.

Belle épreuve découverte.

438. Monnet (Charles). Vénus et Adonis, grav. par Vidal, toutes marges.

Belle épreuve avant la lettre et la draperie, mouillure.

439. Monnet. Formosante, grav. par Vidal, toutes marges.

Belle épreuve avant toutes lettres et avant la draperie.

440. Révolution (La) française depuis l'ouverture des Etats Généraux jusqu'au 9 brumaire, en quinze tableaux gravés par Helman d'après Monnet. *Paris, Decrouan, s. d.*, in-fol. 1 f. pour la description des estampes, 15 estampes, 1 couverture, en feuilles.

441. Tableaux synoptiques calligraphiés et aquarellés par L. Sohier,

1802-1803, 6 placards — Compliments, etc. 1803-1804, 6 pièces, aquarelle. — Ens. 12 pièces.

> Tableaux des Vertus morales, Beaux Arts, Décadence des Empires, Histoire du commerce, Idée de l'agriculture (2 tableaux différents).

442. VUES des environs de Paris, Arcueil, Bicêtre, par Favart, gr. par Maillet. 2 pièces. Moulin Joly, par Daubigny, gr. par Née. Château de Verneuil. Laon, ancien Palais, et Vue extérieure de St-Martin, par Charpentier, 1789-1791. — Ens. 6 pièces.

> Épreuves avant la lettre.

443. CARTES à jouer, 5 jeux complets dont 3 dans leur enveloppe originale.

> Marques : Suzanne. Le soleil, tarot italien. — Arnoult's. The great Mogul, cartes anglaises. — Grimaud. Portrait espagnol. — Tarot français (sans enveloppe). — Cartes à transformation.

444. CARTES à jouer, 7 jeux complets dans leur enveloppe originale dont 1 avec la bande de régie intacte, et 2 feuilles.

> Marques : Au roi Salomon (fin du XVIIIe siècle), 2 jeux. — Danbrin et Colar (comm. du XIXe). — Alphonse Arnoult (même ép.). Sorret Morin (vers 1830). — Sorret Morin (vers 1840), avec vues de Paris et des Environs, et fig. de modes. — Cartes parisiennes « Les Modes » avec fig. — 2 feuilles de 6 cartes, projet de cartes nouvelles, ép. Premier Empire.

III. — PAPIER MONNAIE

445. PAPIER-MONNAIE. Banque Law, 1720. Billet de 100 livres (rare). — Billet de 10 livres (2 exempl.).

446. BILLETS de la Caisse d'Escompte (créée par Turgot), établi par arrêts du Conseil des 24 mars et 22 septembre 1776. 5 pièces.

> 1000 Livres, émission de 1782. — 200 L., 1789. — 300 L., 1790. — 1000 L., juin 1790. — 1000 L., 1790, feuille au filigrane de la Caisse d'Escompte, avant l'impression.
> Réunion rare.

447. BILLETS de confiance et de secours du Département de Paris, 1791. 29 pièces.

> 2e District : Banque de secours, rue de Grammont, 3 L., 10 S. — Association patriotique, 50 S. — Caisse de Confiance, 5 S., bleu et bistre. — Caisse d'échange, 14 et 15 S. — Caisse patriotique, 18 mai 1791, 5 L., bistre. — Caisse patriotique, 28 mai 1791, 5 L., blanc ; 10 L., bleu. — Caisse patriotique, 14 juillet 1791, 50 S., rose. — Compagnie de Commission, rue des Bons Enfans, 5, 6, 7, 8, 9, 10, 15 et 20 S. sur parchemin (série complète). — Maison de Secours, rue des Filles St-Thomas, 15, 20, 30 et 40 S. — Maison patriotique à Paris, Place des Petits-Champs, 10, 20 et 40 S. — Municipalité de Paris. Par le Maire, 50 S. — Section des Lombards. Caisse de Confiance, 25 S. — Section Poissonnière. Billet patriotique, 40 S.

448. BONS et Billets de confiance créés par les Communes pour servir

de coupures aux Assignats, 1791. Département de Seine-et-Oise, 15 pièces.

Versailles, 15 Sols. St-Germain, 20. Corbeil, 30. Juvisy, 20. Corbreuse, 40. Angerville, 10, 25 et 40. Montfort-l'Amaury, 5, 10 et 20. Houdan, 3, 6. Marines (par le régisseur de M. de Gouy), 5. Andresy, 15.

449. Départements divers. 10 pièces.

Siège de Lyon, 25 S., 50 S., 5 L. 3 pièces (sur 4). — Vendée. Armée catholique et royale. Bon commerciable de 5 L., pour objets fournis à l'armée, remboursable à la paix, signé Stofflet. — Honfleur, 5 S. — St Vallery-en-Caux, 5. — Cambremer, 30. — Vaureas, 5. — St-Gervais, 2. — Dijon, 5.

450. Assignats de 1000 L. — 300 L. — 200 L. Création des 19 et 21 décembre 1789. 3 pièces.

Collection complète des premiers assignats à ordre. Rare.

451. Assignats. Créations des 29 septembre 1790, 19 Juin et 12 septembre 1791, 30 avril 1792. 10 pièces.

500, 300, 200, 100, 90, 90 certifié faux par le Vérificateur en chef Deperey, 80, 70, 60, 50 Livres. Réunion rare.

452. Assignats. Créations de 1791-1792. 19 pièces.

Assignats de 5 L. (Corset) créés du 6 mai 1791 au 31 juillet 1792, 6 pièces (Coll. complète). 16 décembre 1791, 25 L. (2 exempl.), 10 L. (2 exempl.). — 4 janvier 1792, 50 S., 25 S., 15 S., 10 S. — 24 octobre 1792, 25 L.; 10 L. filigrane à fleur de lys; 10 L. filigrane de la République; 15 S., 10 S. Circulaire du Vérificateur en chef Deperey, 4 ff., relative aux faux assignats ajoutée.

453. Assignats. 400 L. création du 21 novembre 1792. 3 exemplaires. — 50 L. création du 14 décembre 1792. 5 exemplaires. — Ens. 8 pièces de signatures différentes.

454. Assignats. Créations de 1792 et 1793. 40 pièces.

25 L., 4 pièces. — 5 L., 2 ex. et 2 feuilles de 10 assignats à signatures différentes. — 50 S., janvier 1792 (3 ex.), mai 1793 (5 ex.). — 25 S. (2 ex.). — 15 S. (2 ex.). — 10 S. (2 ex.).

455. Assignats. Séries complètes. 25 pièces.

25 L., 3 pièces. — 10 L., 3 pièces (2 ex.). — 5 L., 2 pièces (2 ex.). — 15 S., 3 pièces (2 ex.). — 10 S., 3 pièces (2 ex.).

456. Assignats. 100 Fr. créé le 18 nivôse. an IIIe, 7 exemplaires, 6 signat. différentes.

457. Assignats. 500 L. créé le 20 pluviôse, an IIe, 3 exempl. — 250 L. création du 7 vendémiaire, an IIe, 4 exempl. — 125 L. créé le 7 vendémiaire, an IIe, 2 exempl. — Ens. 9 pièces de signatures différentes.

458. Assignats. 750 Fr., création du 18 nivôse, an IIIe.

Rare.

459. ASSIGNATS. 1000 Fr., créé le 18 nivôse, an III°. 4 exemplaires de signatures différentes.

460. ASSIGNATS. 10.000 Fr. — 2000 Fr. créés, le 18 nivôse, an III°. — Ens. 2 pièces.

461. PAPIER-MONNAIE et loteries. 23 pièces.

Emprunt forcé de l'an IV, récipissé. — Rescription, 2 pièces. — Mandat territorial, an IV, 500 Fr., 250, 100, 25 (Collection complète, 2 ex. de signatures différentes). — Mandat territorial, an IV, 5 Fr., cachet rouge. — Bon du Trésor, an VIII, 25 Fr. — Banque de Rouen, 500 et 100 Fr., 1er Empire. — Banque de France, 1000 Fr., mars 1827. — Billets de Loteries, an VIII, 1813, 1851, 8 pièces.

462. MANDATS. Territoriaux créés par la loi du 28 ventôse an IV° de la République. 159 pièces.

250 Fr. — 100 Fr., 13 p., 11 signat. différentes. — 25 Fr., 145 p., environ 50 signat. différentes.

463. ASSIGNATS. 1790-1795. Environ 400 pièces.

Sept. 1790, 50 L. — Juin 1791, 100 L., 50 L. — Sept. 1791, 300 L. (5 ex., 3 sign. diff.). — Avril 1792, 50 L. — Déc. 1792, 50 L. — Déc. 1791, oct. 1791, 10 L. (140 ex., 3 types). — Brumaire an II, 5 L. (230 ex., dont 4 corsets, 90 sign. diff.). — Pluviôse an II, 500 L. (2 ex., sign. diff.). — An III, 1000 Fr. — 100 Fr. (21 ex., 16 sign. diff.).

464. ASSIGNATS. Environ 1.100 pièces.

50 S., 4 janvier 1792, 23 mai 1793, env. 300 pièces et 25 ff. de 20. — 25 S., env. 500 p. — 15 S., janvier et octobre 1792, mai 1793, env. 180 p. — 10 S., janvier et octobre 1792, mai 1793, env. 120 p.

AUTOGRAPHES

465. ACADÉMIE FRANÇAISE. 215 pièces.

Boufflers, Ponsard, Pongerville, Bouhier, Alfred de Vigny, Ségur, Molé, Condorcet, etc.

466. BACHAUMONT (Louis Petit de), écrivain et nouvelliste, auteur des *Mémoires secrets,* n. 1690, m. 1771.

L. a. s. (à M. de Marville); Paris, 20 octobre 1745, 1 p. in-4.
Il le supplie de lui faire rendre un exemplaire des *Mémoires de Sully,* saisi par un exempt.

467. BALUZE (Etienne), érudit, bibliothécaire de Colbert, n. à Tulle, 1630, m. 1718.

L. a. s. à D. Claude Estiennot; Paris, 10 mars 1690, 3 p. in-4
Lettre relative à la réunion de copies de documents à prendre à Rome pour l'histoire des papes et des cardinaux.

468. BAYLE (Pierre), célèbre philosophe et érudit, auteur du *Dictionnaire philosophique*, né au Carlat (Ariège), 1647, m. à Rotterdam, 1706.

L. a. s. à M. Minutoli, à la Haye; Rotterdam, 13 mars 1705, 2 p. in-4
Il lui accuse réception de la somme de cent florins.

469. BECCARIA (César, marquis de), philosophe italien, auteur du *Traité des délits et des peines*, n. à Milan, 1735, m. 1793.

L. a. s. en français, à son ami Biffi; Milan, 25 septembre 1731, 2 p. in-4.
Lettre philosophique dans laquelle il fait l'éloge de la vertu « Oui, mon cher, aimons la vertu, elle n'est point ennemie des plaisirs, mais ils la suivent guidées par la modération. »

470. BELZUNCE (Henry de), évêque de Marseille, célèbre par son dévouement pendant la peste de 1720-1721, n. 1671, m. 1755.

L. a. s, (à l'évêque de Metz); Marseille, 2 mai 1736, 4 p. in-4.
Il réclame contre la perception d'une surtaxe imposée à l'abbaye de Saint-Arnould de Metz, dont il était abbé.

471. BERNIS (François-Joachim de PIERRES, cardinal de), poète, diplomate et homme d'Etat, membre de l'Académie française, n. 1715, m. 1794.

1° L. a. s.; Rome, 28 novembre 1786, 1 p. et demie in-4.
Lettre adressée au marquis de Bièvre; il y critique une de ses comédies.
2° L. aut. à Voltaire; Rome, 28 février 1770, 2 p. in-4.
Lettre très intéressante, remplie d'éloges et de flatteries.

472. BEYLE (Henry), dit Stendhal, le célèbre écrivain, n. à Grenoble, 1783, m. 1842.

L. a. s. à Urbain Canel; (28 juin 1837), 1 p. et demie in-4.
Il lui explique qu'il n'est pas d'avis de mettre son nom au roman que Canel imprimait pour lui.

473. BOISROBERT (François Le Métel de), écrivain, poète et bel esprit, un des fondateurs de l'Académie française, n. à Caen, 1592, m. 1662.

L. a. s. à d'Hozier; *s. d.*, 2 p. in-4.
Il lui rend compte de la santé du roi et donne des nouvelles des sièges de Saluces et de Casal.

474. BOUHOURS (Dominique), jésuite, historien, n. 1627, m. 1702.

L. a. s.; *s. d.*, 2 p. in-8.
Belle lettre où il félicite l'auteur d'une idylle écrite en grec; il signale quelques légères corrections.

475. BROSSETTE (Claude), érudit, ami et correspondant de Bossuet, n. à Lyon, 1671, m. 1743.

1° L. a. s. à MM. Fabry et Barillot; Lyon, 26 octobre 1712, 2 p. in-4.

Accusé de réception d'un envoi de livres et commande pour d'autres ouvrages.
2° L. a. s.; Lyon, 30 juin 1714, 2 p. in-4.
Détails sur les troubles de Lyon occasionnés par la cherté du pain.

476. CABANIS (Pierre-Jean-Georges), célèbre philosophe, membre de l'Académie française, né à Cosnac (Corrèze), 1757, m. 1808.

1° L. a. s. à Ginguené; Auteuil, 5 mai 1807, 1 p. in-4.
2° L. s. à Laya; Meulan, 25 septembre 1807, 1 p. in-8.
Il proteste de l'intérêt qu'il prend à sa nomination, mais il ne peut s'en occuper activement à cause de son mauvais état de santé. Il lui conseille d'aller voir son collègue et ami Garat.

477. CALMET (Dom Augustin), le savant bénédictin, n. 1672, m. 1757.

L. a. s. à M. Brasy, avocat à Badonviller ; 15 septembre 1744, 1 p. in-4.
Lettre relative à une transaction au sujet d'un délit commis dans ses bois.

478. CAMPAN (Jeanne-Louise-Henriette Genet, Madame), lectrice de Marie-Antoinette, célèbre éducatrice, qui dirigea la maison d'Ecouen, n. 1752, m. 1822.

3 l. a. s. et 1 l. aut.: 1781-1818, 9 p. in-8 ou in-4.
Intéressant dossier. Deux de ces lettres sont relatives aux fonctions de directrice de la maison d'Ecouen.

479. CASANOVA DE SEINGALT (Jean-Jacques), fameux aventurier, auteur de curieux mémoires, n. à Venise, 1725, m. 1798.

L. a. s. en français; s. d., mercredi, 2 p. in-4.
Il informe son correspondant qu'il recevra avec plaisir la visite qui lui est annoncée par l'abbé Sestini, leur ami commun. Le destinataire se rencontrera chez lui avec le baron de Behr et le conseiller Weigel, son compagnon de voyage.

480. CAYLUS (Marie-Marguerite de Vilette de Murçay, comtesse de), nièce de Madame de Maintenon, auteur de curieux. *Souvenirs* sur la cour de Louis XIV, n. 1673, m. 1729.

L. a. s. à Mademoiselle d'Aumale, à Vergie, près Abbeville; (10 janvier 1725), 3 p. in-4.
Elle lui promet de l'aller voir dans le courant de l'été et se réjouit de l'annonce de sa visite à Paris.

481. CAZOTTE (Jacques), poète et romancier, fameux illuminé, n. 1720, décapité le 25 septembre 1792.

L. a. s. à Ponteau Pierry, 6 juillet 1789, 2 p. et demie in-4.
Curieuse pièce. C'est une des lettres de la correspondance à Ponteau dont la publication amena la condamnation de Cazotte. Il lui dénonce toutes les vexations administratives dont le peuple est l'objet au nom du roi. « Mon ami, il est tems qu'il y ayé et Roi et Loy. Mais à Dieu ne plaise qu'on ne remplace pas solidement sur son throne et notre bon Roi et les sages loix, faites par ses ayeux, depuis Saint-Louis, Charles V, jusqu'à Louis XV exclusivement. Voilà notre véritable constitution à trouver, avec de très petits changemens. Il faut surtout rétablir les ordonnances de Louis XIV pour le régime et la comptabilité dans les departemens, et m... pour les Licurgue et les Solon qui imaginent quelque chose de mieux pour notre monarchie. » (Cette dernière phrase a été soulignée lors de l'enquête faite pour le procès de Cazotte.)

482. CHANSONNIERS. 200 pièces environ.

Lettres et chansons aut. de *Gouffé, Bayard, A. Béraud, Bouilly, Brazier, Capelle, Carmouche, Coupart, Debraux, François de Neufchateau, Jouy, Piis. Curieuse réunion.*

483. CHASTELLET (Gabrielle-Emilie LE TONNELIER DE BRETEUIL, marquise du), la célèbre amie de Voltaire, n. 1706, m. 1749.

> L. a. s.; Bruxelles, 18 mai 1741, 4 p. in-4.
> Elle félicite le destinataire (Dom Calmet?) sur l'ouvrage qui vient de faire paraître. Elle le consulte ensuite sur Thierry du diable, tige de la maison de Madame du Chastellet.

484. CHAULIEU (Guillaume AMFRYE, abbé de), poète épicurien, un des hôtes du Temple, n. 1639, m. 1720.

> L. a. s. des initiales au grand prieur de Vendôme, s. d., 4 p. in-4.
> Il lui rend compte de la vie qu'il mène au Temple et parle de Clermont, de La Fare, etc.

485. CHÉNIER (Marie-Joseph), auteur dramatique et homme politique, député de Seine-et-Oise à la Convention, membre de l'Académie française, n. 1744, m. 1811.

> *Sur deux nouvelles éditions de J.-J. Rousseau*, pièce aut. sig., 2 pages in-folio.
> Dissertation sur la vie, le caractère et les œuvres de J.-J. Rousseau. — On a joint un fragment aut., provenant d'un discours sur la littérature, 2 p. in-4.

486. COLARDEAU (Charles-Pierre), poète et auteur dramatique, membre de l'Académie française, né à Janville (Eure-et-Loir), 1732, m. 1776.

> L. a. s. l'abbé Régnard; Paris, 26 septembre 1767, 2 p. in-4. — On a joint un reçu signé, donné au libraire Duchesne.

487. COLLÉ (Charles), chansonnier et auteur dramatique, n. 1709, m. 1783.

> 1° L. a. s. à M. Dupoirier, avocat; 27 avril, 1 p. in-4.
> Il demande à prendre jour avec lui pour le présenter à Crébillon. — On a joint une quittance signée sur vélin.

488. COLLIN D'HARLEVILLE (Jean-François), poète et auteur dramatique, membre de l'Académie française, né à Mévoisins (Eure-et-Loir), 1755, m. 1806.

> L. a. s.; Paris, 8 ventôse, 2 p. in-8.
> Il recommande un instituteur nommé Pilat. — On a joint une petite pièce de vers aut., signée des initiales, écrite pour remercier Picard du don d'un portrait de Molière.

489. CONDILLAC (Etienne BONNOT de), abbé de Mureaux, célèbre philosophe, membre de l'Académie française, n. à Grenoble, 1715, m. 1780.

> L. aut.; Paris, 10 juin 1750, 3 p. in-4.
> Il répond sur une question qui lui avait été posée de savoir la différence qui existe entre l'imagination et l'entendement.

490. COURIER (Paul-Louis), le célèbre écrivain et helléniste, n. 1773, m. 1825.

> L. a. s. au général Danthouard; Livourne, 25 juillet 1808, 2 p. in-4.
> Il lui demande un congé pour aller en France savoir, au moins, s'il est ruiné.

491. DELAVIGNE (Casimir), célèbre poète et auteur dramatique, membre de l'Académie française, n. 1793 ,m. 1843.

> Pièce de vers aut. sig., 2 p. un quart in-4.
> Récit d'Alvar, extrait du *Paria*.

492. DELILLE (Jacques), célèbre poète, surnommé le *Virgile français*, membre de l'Académie française, n. 1738, m. 1813.

> L. aut. à M. Thiessé, avocat au Conseil; (13 décembre 1785), 2 p. in-4.
> Il lui donne des détails sur la publication d'un de ses ouvrages.

493. DESCHAMPS (Emile), célèbre poète et auteur dramatique, n. 1791, m. 1871.

> 1° 3 l. a. s., 4 p. in-8. — 2° *Olivier*, *Les deux hivers*, pièces de vers aut. sig., 5 p. in-4. — On a joint une pièce de vers aut. sig. d'Antoni Deschamps, dédiée à Victor Hugo.

494. DIVERS, 34 pièces.

> A. *Dauzats*, G. *Dupré*, *Tiolier*, H. *Vernet*, *Viollet-Le-Duc*, *abbé de Saint-Non*, *Girodet-Trioson*, Ch. *Percier*, P. *Delaroche*, *Madame de Mirbel*, *Charlet*, *Fontaine*, *Isabey*, L. *Bouilhet*, *Linguet*, etc.

495. DIVERS, 125 pièces environ.

> *Cardinal de Tencin*, *Cheverus*, Ch. *de Beaumont*, *cardinal de La Fare*, J.-B. *Bossuet (neveu)*, *Dupanloup*, *Daguesseau*, *Joly de Fleury*, *Gerbier*, *Georgel*, etc.

496. DIVERS, 125 pièces environ.

> *Procès des accusés impliqués dans l'affaire de l'attentat du 13 juin 1849, procès de la présidente Ferrand, du duc de La Vallière, manuscrits de pièces de théâtre. Autographes de Dambray, Berriat Saint-Prix, Ferdinand Barrot, Eusèbe Salverte, etc.*

497. DUSSEK (Jean-Louis), compositeur de musique et pianiste, n. 1760, m. 1812.

> L. a s. en français, au docteur Wagner; Palais de Bénévent, 1er mai 1810, 1 p. in-4.
> Il lui envoie un exemplaire des ouvrages qu'il a composés, mais il se déclare incapable de lui prêter de l'argent, parce que celui qui lui revient est toujours mangé longtemps d'avance.

498. ECRIVAINS ET ERUDITS, 95 pièces.

> *Monmerqué*, *Chaudon*, *Du Sommerard*, *Delandine*, *duc de La Vallière*, *La Bédoyère*, *Beffara*, *Basnage*, etc.

499. EPÉE (Charles-Michel, abbé de l'), l'illustre fondateur de l'Institution des Sourds-Muets, n. à Versailles, 1712, m. 1789.

> L. a. s. au docteur Saillant, 28 septembre, 1 p. in-4. Rare.

500. EULER (Léonard), illustre géomètre, membre associé de l'Académie des Sciences, n. à Bâle, 1707, m. 1783.

> L. a. s; 21 mai 1735, 1 p. in-4.
> Il s'excuse de n'avoir pu faire une visite, à cause du mauvais état de son carrosse.

501. FABRE D'EGLANTINE (Philippe-François-Nazaire), poète comique, député de Paris à la Convention, ami de Danton, n. 1755, décapité en 1794.

> L. a. s.; Paris, 1er mai 1780, 1 p. in-4.
> Il demande qu'on lui donne un jour pour la lecture de sa tragédie d'*Agathocle*. — On a joint une chanson autographe sur l'air : *Je le tiens ce nid de fauvettes*.

502. FAVART (Charles-Simon), le créateur de l'Opéra-Comique en France, n. 1710, m. 1792.

> L. a. s. à Madame Duchesne ; 21 novembre 1779, 1 p. in-4.
> Lettre relative à un règlement de comptes. On a joint un couplet d'*Annette et Lubin* copié par Madame Favart et deux lettres signées par leur fils, ainsi que quelques portraits.

503. FEMMES CÉLÈBRES, 38 pièces.

> *Madame Duboccage, Fanny de Beauharnais, V. Babois, Isabelle de Montolieu, Sophie Cottin, Louise Colet, duchesse de Duras, A. de Souza, M.-T. Geoffrin, C. de Salm, Ida Saint-Elme,* etc.

504. FRERET (Nicolas), historien, secrétaire perpétuel de l'Académie des Inscriptions, n. 1688, m. 1749.

> L. a. s. (à Voltaire); 2 décembre 1742, 1 p. et demie in-4.
> Lettre relative à la prétendue élévation du sol de l'Egypte par les débordements du Nil.

505. FRÉRON (Elie-Catherine), le célèbre critique, n. 1719, m. 1776.

> 1° L. a. s. à M. de Saint-André ; Fontaine, 5 août 1775, 2 p. in-4.
> Il demande le prêt d'un ouvrage de M. de La Borde pour en rendre compte dans sa feuille. — On a joint une lettre aut. sig. de son fils le conventionnel.

506. GÉRARD DE NERVAL (Gérard Labrunie, dit), le célèbre écrivain romantique, traducteur de *Faust*, n. 1808, m. 1855.

> L. a. s. au baron Papion du Château; 8 mars 1854, 1 p. petit in-4.
> Il l'invite à venir le voir à la maison du Dr Blanche.

507. GOUJET (Claude-Pierre), chanoine de Saint-Jacques de l'Hôpital, un des écrivains les plus laborieux du xviiie siècle, n. 1697, m. 1767.

> 1 l. a. et 1 l. a. s. à M. Bosc; 1er janvier 1743, 13 décembre 1745, 4 p. in-8.
> Il annonce la mort du cardinal de Fleury, que le fameux abbé Desfontaines est à l'extrémité, etc.

508. GOURVILLE (Jean Hérault de), ami de La Rochefoucauld et de Condé, ardent frondeur, auteur de curieux *Mémoires*, né à La Rochefoucauld, 1625, m. 1703.

> L. a. s ; Paris, 27 mai 1674, 3 p. in-4.
> Belle et rare lettre adressée à un prince, tout le monde dit qu'il va assiéger Namur.

509. GROSLEY (Pierre-Jean), écrivain et érudit, membre de l'Académie des Inscriptions, n. à Troyes, 1718, m. 1785.

> L. a. s. au président Hénault; Paris, 5 janvier 1757, 2 p. in-4.
> Il lui annonce que M. Desmarest lui présentera de sa part un almanach troyen, qui était depuis deux ans sur le métier.

510. HELVÉTIUS (Claude-Adrien), célèbre philosophe, auteur du livre *De l'Esprit*, n. 1705, m. 1771.

L. a. s. (le nom du destinataire a été biffé), 3 p. in-4.
Il exprime le désir de se rendre à Cherperive où il serait bien aisé de faire sa cour à M. de St Prié.

511. HÉNAULT (Charles-Jean-François), président au parlement de Paris, célèbre historien, membre de l'Académie française, n. 1685, m. 1770.

2 l. a. s., dont une de l'initiale seulement, 3 p. in-4.
Une de ces lettres est adressée à Voltaire, qu'il félicite de n'être point mort, ainsi que le bruit en avait couru. — On a joint une pièce signée, quittance de loyer du 4 octobre 1763.

512. HOMMES POLITIQUES, 70 pièces.

Ch. de Lameth, F.-V. Mulot, Mollien, Merlin (de Douai), *S. Mercier, Dusaulx, Dupont de Nemours, Roland, Boissy d'Anglas*, etc.

513. HOUDETOT (Elisabeth-Françoise Sophie de LA LIVE DE BELLE-GARDE, comtesse d'), l'ami de J.-J. Rousseau et de Saint-Lambert, n. 1730, m. 1813.

L. a. s. à Madame de Céré-Barbé; Sannois, 29 septembre, 3 p. in-8.
Elle la complimente sur l'ouvrage qu'elle lui a communiqué.

514. HUET (Daniel), le savant évêque d'Avranches, membre de l'Académie française, n. 1630, m. 1721.

L. a. à Ménage; Caen, 7 octobre, 2 p. in-8, adresse, petit trou causé par la rupture du cachet.
Il lui rend compte de sa santé et lui donne le conseil de soigner la sienne. Il parle de Mademoiselle de Scudéry et de Madame de La Fayette, etc. — On a joint une petite note aut. de 7 lignes qui contient des remarques de Huet sur la *Jérusalem délivrée*.

515. LA BEAUMELLE (Laurent ANGLIVIEL de), littérateur et critique, enfermé deux fois à la Bastille, ami de Voltaire, n. 1726, m. 1773.

1° L. a. s. à Madame de Mornay, supérieure de Saint-Cyr; de la Bastille, 4 mai 1753, 1 p. in-4, adresse.
Il la remercie de la part qu'elle a prise à son malheur; il lui adresse une pièce de vers de M. d'Argenson. La Beaumelle raconte un songe au cours duquel Madame de Maintenon lui est apparue :

« Elle avait la candeur d'Astrée,
« Le geste de Pallas, le regard de Junon
« Et les grâces de Cythérée. »

2° Manuscrit aut., 12 p. in-8.
Copie de lettre, dont quelques passages sont chiffrés.

516. LA CONDAMINE (Charles-Marie de), célèbre astronome et voyageur, membre de l'Académie française et de l'Académie des Sciences, n. 1701, m. 1774.

L. a. s. à Madame de Quinson; Chaillot, 5 juillet 1771, 3 p. in-4.
Il lui parle de différents événements littéraires ou scientifiques et s'étonne qu'il n'ait pu trouver à Paris un exemplaire de la relation de son voyage de l'Amazone.

517. LES CASES (Emmanuel, comte de), historien et conseiller d'Etat, compagnon de Napoléon à Sainte-Hélène, n. 1766, m. 1842.

> L. a. s.; Paris, 10 mars 1808, 1 p. in-4.
> Il sollicite la décoration de la Légion d'honneur. — On a joint deux lettres aut. sig. de Las-Cases fils.

518 LAVATER (Gaspard), écrivain et philosophe, auteur de l'*Essai sur la Physiognomonie*, n. à Zurich, 1741, m. 1801.

> L. a. s., en français, à Wicar; Zurich, 2 juin 1797, 2 p. in-8 oblong.
> Il lui demande, crayonnés de sa main, deux profils de femme de la plus grande beauté et d'un intelligence sublime. «Mais point du tout de ligne droite, ni du front, ni du nez. Cette ligne droite, que tant d'artistes aiment aveuglément, est un blasphème impardonnable contre l'esprit de vérité et de nature. »

519. LAVOISIER (Antoine-Laurent), l'illustre chimiste, n. 1743, décapité en 1794.

> 2 l. a. s., l'une du 6 juin 1792, l'autre sans date, 3 p. in-4.
> Belles lettres relatives à des opérations financières. — On a joint une note aut. adressée à Laffon-Ladébat.

520. LEBEAU (Charles), historien, membre et secrétaire perpétuel de l'Académie des Inscriptions, n. 1701, m. 1778.

> L. a. s.; 17 mars 1754, 1 p. in-4.
> Lettre écrite vraisemblablement à un grammairien pour le remercier de ses observations, mais son goût ne le porte pas du côté des discussions grammaticales.

521. LE BEUF (Jean), célèbre historien et érudit, membre de l'Académie des Inscriptions, n. à Auxerre, 1687, m. 1760.

> L. a. s. au P. Prévost, bibliothécaire de Sainte-Geneviève; 23 novembre 1725, 3 p. in-4.
> Lettre relative à des changements qu'on veut faire [à Auxerre] aux anciennes heures des offices.

522. LEIBNIZ (Godefroid-Guillaume), l'illustre savant et philosophe allemand, n. 1640, m. 1716.

> L. a. s. en français; Hanovre, 7 septembre 1706, 3 p. petit in-8.
> Belle lettre relative au paiement d'une lettre de change.

523. LELONG (Le P. Jacques), oratorien, le savant bibliographe, n. 1665, m. 1721.

> L. a. s. à M. Fenel, doyen de l'église cathédrale de Sens; 25 avril 1715, 1 p. in-4.
> Il lui annonce l'achèvement de l'impression de son ouvrage et lui demande de quelle manière il pourrait lui en faire tenir un exemplaire.

524. LENAIN DE TILLEMONT (Sébastien), historien de Saint-Louis, n. 1637, m. 1698.

> L. a. s. à M. Vuillart; vendredi. 10 juin, 1 p. et demie in-8.
> Belle lettre toute relative à l'impression d'un de ses ouvrages.

525. LENGLET-DUFRESNOY (Nicolas), célèbre érudit du XVIIIe siècle, n. à Beauvais, 1674, m. en 1755.

> L. a. s.; Paris, 14 octobre 1748, 2 p. in-4.

Il se plaint que l'on veuille l'inquiéter pour avoir fait l'apologie de feu S. A. R. « J'en ferais même présenter un mémoire à Son A. R. Madame, et je me flatte que je serais écouté, d'autant plus qu'on n'a rien dit à ceux qui ont fait paraître les *Mémoires de la Régence* et la *Vie du feu duc d'Orléans*, qui déshonorent ce prince. »

526. LE PRÉVOT DE BEAUMONT (Jean-Charles-Guillaume), écrivain, détenu pendant 22 ans pour avoir dénoncé le Pacte de famine, n. vers 1730, m. 1820.

L. a. s.; 4 décembre 1781, 4 pages in-8.
Curieuse lettre dans laquelle il proteste véhémentement contre son incarcération. Le passage suivant indique la mentalité de Le Prévôt de Beaumont : « Vous ne saviés pas apparemment quand vous vous êtes laissé séduire, que j'ai plus de 80 conjurations à dénoncer et les plus grands coups d'état à faire qui ayent jamais été faits depuis l'existence de la monarchie. Certes délivrés moi le plus tôt que vous pourrés, vous me verrés ministre malgré moi, vous vous verrez aussitôt loué et glorifié dans toute l'Europe par les papiers publics et ceux que vous craignez ne seront plus rien. »

527. LESPINASSE (Julie-Jeanne-Eléonore de), la célèbre amie de d'Alembert, n. 1732, m. 1776.

P. s. sur vélin; Paris, 16 juillet 1754, 1 p. in-4 oblong.
Reçu d'un semestre de rentes. — On a joint un fragment aut., 1 p. et demie, in-8 oblong, certifié par Campenon.

528. LITTÉRATEURS. 140 pièces.

Villenave, A. Thierry, Brillat-Savarin, Bouilly, Bonneville, Berchoux, Beffroy de Reigny, Pigault-Lebrun, Dulaure, L. Halévy, A. de Souza, etc.

529. LITTÉRATEURS. 150 pièces.

Norvins, Monteil, Méry, Marsolier des Vivetières, Malfilâtre, Cubières, Rabbe, Alfred Bayard, Poinsinet de Sivry, Piis.

530. LITTÉRATEURS. 90 pièces environ.

Gustave Planche, Ameilhon, l'abbé Capperonnier, Le Bailly, Lattaignant, le P. De La Rüe, Lamothe-Langon, La Grange-Chancel, Lachambeaudie, etc.

531. LITTÉRATEURS. 100 pièces.

Désaugiers, Demoustier, Lamennais, Paul Lacroix, Alphonse Karr, Jasmin, Grécourt, Grimod de la Reynière, Eugène Sue, Soulavie, Sénancour, B. Constant, Armand Carrel, Fabre d'Olivet, etc.

532. LOUVET (Jean-Baptiste), l'auteur de *Faublas*, député du Loiret à la Convention, n. 1764, m. 1797.

L. a. s. à ses collègues; 18 vendémiaire an IIII (lisez : an IV), p. in-4.
Il demande la mise en liberté du citoyen Obé, ex-président de la section des Lombards. Il y a eu erreur dans son arrestation, car ce n'est pas lui qui présidait la section au 13 vendémiaire.

533. MABILLON (Dom Jean), bénédictin, le fondateur de la diplomatique, n. 1632, m. 1707.

L. a. s. à Huet, 1 p. in-4.
Il lui recommande un écrivain très capable de collationner un manuscrit.

534. MARET (Hugues), duc de Bassano, célèbre homme d'Etat, ministre de Napoléon 1er, membre de l'Académie française, n. à Dijon, 1763, m. 1839.

> L. a. s. ; Dresde, 1er août 1813, 1 p. in-folio.
> Il annonce que l'Empereur a quitté Mayence, et que le maréchal Soult a repris l'offensive.

535. MAURY (Jean-Sifrein, cardinal), célèbre orateur et homme d'Etat, membre de l'Académie française, n. 1746, m. 1817.

> 1° L. s. Paris, 5 janvier 1813, 1 p. in-folio.
> Lettre relative au paiement des honoraires aux membres du chapitre de la Légion d'honneur qui ont coutume d'assister aux obsèques des membres du Sénat.
> 2° L. aut. à M. Bessières, 30 août 1803, 2 p. in-folio.
> Jolie lettre intime, d'un tour très enjoué, écrite à un ami d'enfance qu'il tutoie.

536. MÉNAGE (Gilles), célèbre érudit et bel esprit, n. à Angers, 1613, m. 1692.

> L. a. s. ; Paris, 15 mars 1644, 2 p. et demi in-4.
> Lettre relative à une idylle grecque qu'il a composée en réponse à une élégie grecque faite à sa louange.

537. MÉZERAY (François EUDES, dit de), célèbre historien, membre de l'Académie française, n. à Ry (Orne), 1610, m. 1683.

> L. a. s. ; 22 janvier 1681, 1 p. in-4.
> Reçu du duc de Mazarin la somme de 750 livres pour une demi-année de la pension viagère que lui a constituée le feu cardinal de Mazarin.

538. MILLEVOYE (Charles-Hubert), célèbre poète élégiaque, n. à Abbeville, 1782, m. 1816.

> 1° L. a. s. à Charles Nodier ; 22 décembre 1813, 1 p. in-8.
> Il lui demande de hâter la publication du compte rendu qu'il doit faire de trois de ses ouvrages « afin que je puisse à mon aise, et sans être suspect, multiplier les occasions de cultiver une connaissance aimable, qui ne doit son prix qu'à elle-même. »
> 2° Pièce de vers aut., 2 p. in-4.
> Fragment du poème de l'*Amour maternel.*

539. MONGE (Gaspard), l'illustre géomètre, ministre de la marine en 1792, membre de l'Académie des Sciences n. 1746, m. 1818.

> 1° L. s. à Clavière ; Paris, 23 septembre 1792, 1 p. et demie in-folio.
> Lettre relative aux droits de prise qui reviennent aux employés de la régie.
> 2° L. a. s. à Leroy, préfet maritime à Alexandrie. Paris, 9 messidor an IX, 1 p. in-4.
> Il lui demande sa bienveillance pour le citoyen Pain, qui se rend en Egypte pour servir en qualité de commis principal. « Nous ferons tous ici des vœux pour que la brave armée d'Egypte sorte triomphante de la crise où elle se trouve. Toute la France a les yeux tournés vers elle et lui porte le plus grand intérêt. »

540. MONTANCLOS (Marie-Emilie MAYON de), poète dramatique, n. 1736, m. le 29 août 1812.

> L. a. s. à sa filleule ; Paris (rue du four St-Germain, 44), 11 août 1812, 3 p. et demie in-4.
> Touchante épître au sujet de la situation qui lui est faite par son âge et son isolement.
> — On a joint une petite pièce de vers aut. dédiée à sa filleule Eulalie.

541. MONTFAUCON (Dom Bernard de), le savant bénédictin, auteur de l'*Antiquité expliquée*, membre de l'Académie des Inscriptions, n. 1655, m. 1741.

L. a. s.; Paris, 10 mars 1708, 4 p. in-4.
Superbe lettre dans laquelle il fait part du décès de Mabillon. « C'est une grande perte pour la Congrégation et même, si je l'ose dire, pour l'Eglise. »

542. MOREAU (Hégésippe), poète, le chantre de la Voulzie, n. 1810, m. 1838.

Le dernier jour, poésie aut., 1 p. et demi in-folio. *Rare.*

543. MUSICIENS ET ACTEURS. 8 pièces.

Talma, Damoreau-Cinti, Lafon, H. Herz, A. Adam, H. Berton, F. Paër.

544. NOLLET (Jean-Antoine, abbé), le célèbre physicien, membre de l'Académie des Sciences, n. 1700, m. 1770.

L. a. s.; 27 août 1760, 1 p. in-4.
Il remercie un voisin de la part qu'il a prise à la petite fortune qui lui arrive (Sa nomination de professeur à l'école de Mézières).

545. PALISSOT DE MONTENOY (Charles), célèbre littérateur du XVIIIe siècle, auteur des *Philosophes*, n. 1730, m. 1814.

3 l. a. s. à dom Calmet, à M. Emery et au citoyen Dehérain; 1749, 1750, 1796, 8 p. in-8 ou in-4.
Détails sur les libraires parisiens qui refusent d'éditer son livre sur la Lorraine, demande d'une permission pour publier un ouvrage périodique de deux feuilles afin de répondre au journaliste Laporte, etc...

546. PELLISSON-FONTANIER (Paul), écrivain, historien de l'Académie française, fidèle ami de Fouquet, membre de l'Académie française, né à Béziers, 1624, m. 1693.

L. a s; Paris, 4 décembre 1680, 3 p. in-4.
Il conseille l'intervention d'un médecin anglais auprès d'un malade. Pellisson craint beaucoup pour ce dernier s'il reste entre les mains de son médecin ordinaire.

547. POLIGNAC (Melchior, cardinal de), prélat, diplomate et érudit, auteur de *L'Anti-Lucrèce*, membre de l'Académie française, n. 1661, m. 1741.

L. a. s; Rome, 25 septembre 1727, 3 p. in-4. *Belle pièce.*

548. POMPIGNAN (Jean-Jacques Le Franc, marquis de), poète et auteur dramatique, membre de l'Académie française, n. 1709, m. 1784.

L. aut. à Thierot; Montauban, 18 mai 1737, 6 p. in-4.
Belle lettre toute littéraire, relative à la représentation du *Théâtre de l'harmonie*, ballet héroïque.

549. RABAUT SAINT-ETIENNE (Jean-Paul), ministre protestant, député de l'Aube à la Convention, n. 1743, décapité en 1793.

L. a. s.; Paris, 15 septembre 1792, 1 p. in-4.
Il demande un emploi dans les vivres pour le sieur Cyroux, de Nîmes, son compatriote.

550. RAYNAL (Guillaume-Thomas-François), célèbre historien et philosophe, membre de l'Institut, né à Saint-Geniez (Aveyron), 1711, m. 1796.

> L. a. s. à M. Cornuaud; Gemenos, 13 août 1787, demi-p. in-4.
> Il le félicite sur un travail historique concernant Genève. — On a joint deux fragments aut. de manuscrits de Raynal.

551. ROLAND (Marie PHLIPON, Madame), l'une des femmes les plus célèbres de la Révolution française, n. 1754, décapitée en 1793.

> L. a. s. *Phlipon* à Sophie Cannet; 20 ou 26 février, 3 p. et demie in-4, adresse et cachet. *Rare.*
> Elle lui rend compte de l'entrevue qu'elle a eu avec un prétendant et lui dit les raisons qui lui lui font refuser ce projet d'alliance.

552. ROLLIN (Charles), célèbre historien, membre de l'Académie des Inscriptions, n. 1661, m. 1741.

> L. a. s.; Paris, 14 septembre 1740, 1 p. in-4.
> En partant pour Asfeld il donne l'ordre d'envoyer à son correspondant l'édition in-4, de son *Traité des études* et son *Histoire ancienne*.

553. RONSIN (Charles-Philippe), auteur dramatique, général de l'armée révolutionnaire, n. 1752, décapité en 1794.

> L. a. s. à M. Hebert, commissaire du Comité de Saint Roch; (rue des Moulins, Paris), 19 septembre 1789. 2 p. in-4.
> Il demande la délivrance de son brevet de capitaine d'honneur à la suite du bataillon de Saint-Roch.

554. SAINT-EVREMOND (Charles de SAINT-DENIS de), écrivain et philosophe, auteur de la Comédie des *Académistes*, n. 1613, m. 1703, inhumé à Westminster.

> L. a. s.; 1er septembre, 1 p. et demie, in-4. *Rare.*

555. SAINT-PIERRE (Charles-Irénée CASTEL, abbé de) écrivain et publiciste, auteur d'un *Projet de paix perpétuelle*, membre de l'Académie française, n. 1658, m. 1743.

> L. a. s.; au Palais-Royal, 28 février 1728, 2 p. et demie, in-4.
> Lettre relative à l'examen par M. Hardion de son abrégé du *Traité de paix*.

556. SAINTE-BEUVE (Charles-Augustin), le célèbre critique, membre de l'Académie française, n. 1804, m. 1869.

> 2 l. a. s. à M. Radou, caissier du *National*, 2 p. in-8.

557. SAVANTS. 65 pièces.

> *Maupertuis, Francœur, Thoüin, Daubenton, Ampère, Gay-Lussac, Humboldt, Lacépède,* etc....

558. SIEYES (Emmanuel-Joseph), le célèbre conventionnel et directeur, puis consul, membre de l'Académie française, n. 1748, m. 1836.

> L. a. s. au duc de Gaëte; 22 janvier 1810, 1 p. et demie in-4.
> Recommandation pressante en faveur de M. de La Seinie « Je lui dois beaucoup d'intérêt comme neveu de mon ancien évêque de Chartres et fils de l'ex-marquise de la Seinie, femme infiniment respectable. »

559. STAEL-HOLSTEIN (Anne-Louise-Germaine NECKER, baronne de), illustre écrivain, auteur de *Corinne*, n. 1766, m. 1817.

1° L. a. s.; ce mardi, 1 p. in-8.
Elle demande une entrée au Musée pour M. Ellis, petits-fils du duc de Marlborough, « non pas de celui qui a gagné la bataille de Hochstett mais du duc vivant à moitié mort parce qu'il n'ouvre jamais la bouche. »
2° L. aut.; Vienne, 17 mai, 2 p. in-8.
Elle autorise la gravure d'un tableau, dont autrefois elle a souhaité la copie. Elle met comme condition le don de cent épreuves avant la lettre et l'interdiction de vendre la gravure à Paris. — On a joint une lettre de la fille de Madame de Staël.

560. TENCIN (Claudine-Alexandrine GUÉRIN de), une des femmes les plus célèbres du XVIIIe siècle, mère de d'Alembert, n. 1681, m. 1749.

L. a. s.; Paris, 1 novembre 1730, 1 p. in-4. *Rare.*

561. TRESSAN (Louis-Elisabeth de LA VERGNE, comte de), officier et écrivain, traducteur des romans de chevalerie, membre de l'Académie française, n. 1705, m. 1783.

L. a. s.; Lunéville, 11 mai 1753, 4 p. in-4.
Belle lettre dans laquelle il rend compte du séjour du roi à Lunéville et de la réception qu'il a faite à Fréron.
2° L. a. s.; Paris, 17 janvier 1778, 1 p. in-4.
Lettre relative à des embarras d'argent. — On a joint un ordre de paiement aut., ainsi qu'une procuration signée par l'abbé de Tressan.

562. VALMORE (Marceline DESBORDES, Madame), la célèbre femme-poète, n. 1786, m. 1859.

1° 2 l. a. s. à M. Suleau et 1 l. a. s. à Mélanie Waldor; Lyon, 1834, 1835, 1836, 5 p. in-8, et 2 p. in-4.
Nouvelles de son fils et d'une de ses filles; elle dit le regret qu'elle éprouve chaque fois qu'elle s'éloigne de la Flandre; détails sur la misère lyonnaise dont la profondeur est ignorée à Paris, etc....
Les deux abeilles, pièce de vers aut., 3 p. in-4.

563. VAUVENARGUES (Luc de CLAPIERS, marquis de), célèbre écrivain, un de nos plus grands moralistes, n. 1715, m. 1747.

Discours sur la liberté, manuscrit aut., 23 p. in-4, relié, demi-chagrin vert.
Précieux manuscrit venant de la vente Aimé Martin, lequel l'avait reçu du M. Roux-Alpheran, propriétaire des manuscrits du moraliste.

564. VERNET (Joseph), le célèbre peintre de marines, n. à Avignon 1714, m. 1789.

L. a. s. au graveur Wille; Bayonne, 26 juillet 1760, 3 p. in-4.
Belle lettre relative à la gravure de deux de ses tableaux, gravure exécutée par un élève de Wille.

565. VOLTAIRE (François-Marie AROUET de), l'illustre écrivain, n. 1694, m. 1778.

4 l. a. s., 3 l. aut. et 1 billet aut. à M. Moreau, premier avocat du roi; (1746), 11 p. in-8 ou in-4.
Très curieux dossier relatif au procès intenté à Rigoley de Juvigny pour obtenir qu'il supprime de son factum des assertions calommieuses à l'égard de Voltaire, comme celle d'avoir tiré un bénéfice illicite lors du tirage de la *Henriade*, etc....
Liasse d'imprimés, libelles, etc... concernant le procès intenté par Voltaire aux Travenol père et fils pour la distribution d'un factum intitulé : *Discours prononcé à la porte de l'Académie française par le Directeur à M***, dont l'auteur était le poète P.-C. Roy.
— On a joint une lettre aut. signée de l'abbé d'Olivet relative à la même affaire.

566. PORTRAITS.

Sous ce numéro on vendra une liasse d'environ 450 portraits, gravés et lithographiés.

TABLE DES DIVISIONS

Numéros

THÉOLOGIE... 1

JURISPRUDENCE.. 15

SCIENCES ET ARTS.

    I. — Philosophie. Morale... 19
    II. — Sciences naturelles. Art militaire. Philosophie occulte... 27
    III. — Beaux-Arts... 33
    IV. — Exercices gymnastiques................................. 49

BELLES-LETTRES.

  I. — POÉSIES.

    1. — POÈTES FRANÇAIS.

      A. — Trouvères et autres poètes : XIIᵉ, XIIIᵉ, XIVᵉ et XVᵉ siècles
        jusqu'à l'époque de Villon.............................. 54
      B. — Depuis l'époque de Villon jusqu'à Marot............... 86
      C. — Poésies anonymes depuis Villon jusqu'en 1644.......... 93
      D. — De Marot à Malherbe................................. 101
      E. — Depuis 1628 à nos jours.
        a. *Poésies de divers genres*......................... 107
        b. *Poèmes héroïques, descriptifs, érotiques, satiriques et badins.*
         Odes. Épîtres. Épigrammes....................... 125
        c. *Fables. Contes et Idylles*........................ 139
        d. *Poésies gaillardes ou burlesques*................ 147
      F. — Chansons... 153

    2. — POÈTES ÉTRANGERS...................................... 173

    3. — POÉSIE DRAMATIQUE.

      I. — Poètes dramatiques français......................... 178
      II. — Opéras. Opéras-Comiques........................... 218

Numéros

III. — Pièces écrites depuis 1700 et non représentées, Pièces en patois.. 220

4. — FICTIONS EN PROSE.

    I. — Apologues. Fables.. 225
    II. — Romans français.
      a. *Recueils. Romans de Chevalerie*......................... 227
      b. *Romans de différents genres rangés par ordre chronologique*.. 236
      c. *Romans historico satiriques, relatifs aux amours de plusieurs grands personnages*................................ 285
      d. *Romans féeries. Voyages imaginaires*.................... 288
      e. *Contes et Nouvelles en prose*........................... 291
    III. — Romans étrangers...................................... 294
    IV. — Facéties écrites en français............................ 298
    V. — Dissertations sur l'amour, les femmes, le mariage....... 310

5. — PHILOLOGIE.

    I. — Satires générales....................................... 320
    II. — Proverbes. Ana. Enigmes................................ 323

6. — EPISTOLAIRES.. 327

7. — POLYGRAPHIES... 330

8. — COLLECTIONS D'OUVRAGES ET D'EXTRAITS DE DIFFÉRENTS AUTEURS. 346

HISTOIRE.

1. — GÉOGRAPHIE. VOYAGES.. 358

2. — HISTOIRE DES RELIGIONS..................................... 365

3. — HISTOIRE DE FRANCE... 378
    a. *Histoire particulière des anciennes provinces et villes de France*.. 403

4. — BIOGRAPHIE. MÉLANGES HISTORIQUES........................... 421
    I. — Vignettes... 425
    II. — Estampes cartes à jouer................................ 434
    III. — Papier-monnaie....................................... 445

AUTOGRAPHES.. 465

ORDRE DES VACATIONS

Le Jeudi 21 Mars

Vignettes	425 à 433
Estampes. Cartes à jouer	434 à 444
Papier Monnaies	445 à 464
Autographes	465 à 566

Le Vendredi 22 Mars

Théologie	1 à 14
Jurisprudence	15 à 18
Sciences et Arts	19 à 53
Belles-Lettres	54 à 225

Le Samedi 23 Mars

Belles-Lettres	226 à 357
Histoire	358 à 424
	Livres en Lots

Imprimerie Centrale
de l'Ouest
56-60, Rue de Saumur
La Roche-sur-Yon
(Vendée)